子どもの理解を深める
理科授業

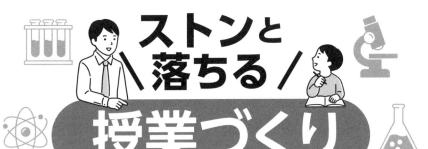

ストンと落ちる
授業づくり
のすすめ

石井 俊行 著

電気書院

まえがき

　「教師は授業で勝負する」と言われるように，教師にとって授業ほど大切なものはありません．

　公立中学校理科教員からスタートした私は，新任の頃，教科書どおりに実験・観察を行っても，うまく結果が得られないことが多々あることに気づかされました．そこには教科書や指導書には書かれていない実験のコツや指導の方法があったのです．

　また，他の実験を加えたり，違った方向からアプローチしたりすることで，子ども達はその現象を多面的に捉え，深い学びになることがわかりました．

　一方，子ども達は，力，熱，電気，磁気，原子・分子，イオンなどといった物理，化学分野を敬遠する傾向にあります．その理由として，目に見えないことやその概念のイメージがうまくつかめないことが挙げられます．しかし，これらの内容は理科を学ぶうえで避けては通れません．子ども達にわかりやすい教授法はないものかと，多くの研究者や現場教員が模索しています．

　現場教員から大学教員に籍を移した私は，子ども達の理解を深めるための教授法や教具等に関し，多くの時間をかけて研究する機会を得ました．これらの知見を，日々理科授業を実践されている先生方，これから教員として理科を教える学生の皆さんに，わかりやすく丁寧に解説できたらと思い，本書を執筆しました．

　本書では，特に子ども達が敬遠する物理，化学分野を中心に，子ども達の理解を深める理科授業をつくるうえで押さえておきたい実践でのポイントを詳しく解説しました．

　本書が皆さんの理科授業づくりの一助になれば幸いです．

著者

本書の特徴と使い方

① **簡単に引用文献が参照できるようにしています．**

　一般に書籍の場合，引用文献は各章末あるいは最後の箇所にまとめて記されます．本書では引用した文章近くに，あえて引用文献（QRコード）を配しています．その理由は，読者の皆さんに引用文献を参照していただきたいからです．特にQRコードがつけられたものは私が実践した論文です．併せてその論文をお読みいただくことで，さらにそれらに関する知識も深められると信じています．ぜひスマホをQRコードにかざして論文もお読みください．

② **実験の様子，資料がQRコードから得られます．**

　QRコードから実験の様子のビデオをはじめ，PowerPointのデータ，資料等がダウンロードできるようになっています．これらをもとに，子ども達の理解を深める理科授業をつくってください．

③ **教師の意図する実験結果が得られる実験のコツや教え方が習得できます．**

　教科書には注意喚起をはじめ，実験内容が詳しく記されています．しかし，教科書に記されているように実験を行ってもなかなか教師の意図する結果が得られず，授業がうまく進展しないことがあります．それをなるべく回避するために，私が現場で得た実験のコツや特に子ども達がつまずきやすい箇所の教え方について随所に記しました．これらを参考に，皆さんがアレンジして授業をつくっていってください．

④ 子ども達が胸にストンと落ちる内容を重視しています．

　本書は基本的に小・中学校理科学習指導要領に基づいてつくられています．しかし，少し先取りして，内容を踏みこんで教えることを推奨している箇所もあります．その概念を教えることで，子ども達の見方・考え方が広がると私は信じているからです．少し難しいと思われる概念も，子ども達がわかるような形で提供できれば深い学びにつながります．たとえば，一般に電圧は小学校では扱いませんが，それを扱うことで子ども達の理解が深められることが明らかになっています．その実践が児童・生徒が普段受けている授業のレベルとほぼ変わらないことが重要なポイントとなります．また，本書の内容の中には，私が小学校への出前授業で使用した児童に好評であった実践も含まれています．その実践を参考に，ご自身の理科授業をつくっていってください．

目 次

第 1 章　ものの重さと体積
1.1　ものの重さと粒子概念 …………………………………………………… 1
1.2　密度 ………………………………………………………………………… 3
　1.2.1　質量と体積 …………………………………………………………… 3
　1.2.2　単位量当たりの大きさと物質の密度 ……………………………… 6

第 2 章　水・空気・金属の性質
2.1　物質の三態 ………………………………………………………………… 10
2.2　閉じこめられた空気と水 ………………………………………………… 12
2.3　「ものの温度と体積」の学習内容 ……………………………………… 14
2.4　理解を深める「ものの温度と体積」の指導理論 ……………………… 15
　2.4.1　水の温度と体積 ……………………………………………………… 17
　2.4.2　空気の温度と体積 …………………………………………………… 21
　2.4.3　金属の温度と体積 …………………………………………………… 22
2.5　「水と空気の対流」の学習内容 ………………………………………… 23
2.6　理解を深める「水と空気の対流」の指導理論 ………………………… 24
　2.6.1　水の対流 ……………………………………………………………… 25
　2.6.2　理解を深める「水の対流」の授業の流れ ………………………… 28
　2.6.3　空気の対流 …………………………………………………………… 30
　2.6.4　理解を深める「空気の対流」の授業の流れ ……………………… 31
2.7　ものの燃え方と空気の対流 ……………………………………………… 32
2.8　熱平衡 ……………………………………………………………………… 33

第 3 章　力のはたらき
3.1　ゴムや風の力 ……………………………………………………………… 36
3.2　質量と重さ ………………………………………………………………… 36
　3.2.1　質量 …………………………………………………………………… 36
　3.2.2　重さ …………………………………………………………………… 37
3.3　フックの法則 ……………………………………………………………… 38
3.4　てこ ………………………………………………………………………… 42
　3.4.1　てこの種類 …………………………………………………………… 42
　3.4.2　つめきりと理科の有用性 …………………………………………… 44
3.5　輪軸 ………………………………………………………………………… 46
3.6　定滑車と動滑車 …………………………………………………………… 47
3.7　仕事の原理 ………………………………………………………………… 48
3.8　圧力 ………………………………………………………………………… 50
3.9　浮力 ………………………………………………………………………… 53
　3.9.1　沈む物体にはたらく浮力が主要な浮力の学習 …………………… 53

3.9.2　最適な浮力の授業内容の型 ……………………………………… 54
3.9.3　理解を深める浮力の指導法 …………………………………… 55

第 4 章　ものの運動
4.1　振り子 ………………………………………………………………… 59
4.2　等加速度運動 ………………………………………………………… 67
4.3　力学的エネルギー保存の法則 ……………………………………… 71

第 5 章　光の性質
5.1　凸レンズの性質 ……………………………………………………… 74
5.2　フェルマーの原理 …………………………………………………… 76
5.3　光が屈折する理由 …………………………………………………… 78
5.4　半円ガラスを用いた屈折実験 ……………………………………… 79
　5.4.1　光が空気中からガラス中に進むとき ……………………… 81
　5.4.2　光がガラス中から空気中に進むとき ……………………… 81
5.5　浮かび上がって見えるコイン ……………………………………… 82
5.6　光の反射 ……………………………………………………………… 83
　5.6.1　反射の法則 …………………………………………………… 84
　5.6.2　反射における作図 …………………………………………… 86
　5.6.3　虚像が確認できる実験法 …………………………………… 87
5.7　凸レンズがつくる像 ………………………………………………… 89

第 6 章　音の性質
6.1　物体の振動と音 ……………………………………………………… 92
6.2　音の速さ ……………………………………………………………… 94

第 7 章　電流のはたらき
7.1　小学校での電気学習の内容 ………………………………………… 96
7.2　水流モデルと電圧概念の導入 ……………………………………… 97
7.3　理解を深める電圧概念の指導理論 ………………………………… 98
7.4　理解を深める電圧概念導入の授業の流れ ……………………… 106
7.5　水流モデルの型 …………………………………………………… 110
7.6　オームの法則 ……………………………………………………… 112
7.7　電気抵抗 …………………………………………………………… 114
　7.7.1　電気抵抗の考え方 ………………………………………… 114
　7.7.2　合成抵抗の求め方 ………………………………………… 115
　7.7.3　ゲーム性を取り入れた合成抵抗の指導法 ……………… 117
　7.7.4　ゲーム性を取り入れた合成抵抗の指導法の流れ ……… 119
7.8　電気エネルギーからのエネルギー変換 ………………………… 123
　7.8.1　電流による発熱 …………………………………………… 123
　7.8.2　電気エネルギーから光，音，運動エネルギーへの変換 ……… 126

第 8 章　磁石の性質

- 8.1　磁力と磁力線 ……………………………………………………… 129
- 8.2　磁石のまわりの磁界 ……………………………………………… 131
  - 8.2.1　方位磁針が北を指す理由 …………………………………… 131
  - 8.2.2　ベクトルを用いた棒磁石のまわりの磁界の説明 ………… 132
- 8.3　磁石はどこまで切っても磁石 …………………………………… 134
- 8.4　鉄釘の磁化 ………………………………………………………… 135
- 8.5　電流がつくる磁界 ………………………………………………… 136
- 8.6　電磁石 ……………………………………………………………… 138
  - 8.6.1　電流がつくる磁界と電磁石 ………………………………… 138
  - 8.6.2　銅線を円形状にすると電磁石になる理由 ………………… 138
- 8.7　電流が磁界から受ける力 ………………………………………… 141
- 8.8　誘導電流 …………………………………………………………… 142
- 8.9　クリップモーターのつくり方 …………………………………… 143

第 9 章　ものの溶け方

- 9.1　水溶液における質量保存 ………………………………………… 147
- 9.2　濃度の均一性 ……………………………………………………… 148
- 9.3　水に溶ける溶質の量と温度 ……………………………………… 150
- 9.4　水に溶ける溶質の量と溶媒の量 ………………………………… 151
- 9.5　理解を深める「溶解度と溶け残りの量」の指導法 …………… 153
- 9.6　水溶液の性質 ……………………………………………………… 156
- 9.7　水溶液の濃度計算 ………………………………………………… 157
  - 9.7.1　水溶液濃度計算でつまずく要因 …………………………… 157
  - 9.7.2　理解を深める「水溶液の濃度計算」の指導法 …………… 158
- 9.8　飽和水溶液と飽和水蒸気量 ……………………………………… 162
  - 9.8.1　飽和水溶液の溶解度と飽和水蒸気量のグラフの違い …… 162
  - 9.8.2　飽和水蒸気で飽和水溶液を想起させることの有効性 …… 163
  - 9.8.3　飽和水溶液と飽和水蒸気量の共通点と相違点 …………… 164

第 10 章　化学反応

- 10.1　気体の発生 ……………………………………………………… 166
  - 10.1.1　気体の収集方法 …………………………………………… 166
  - 10.1.2　酸素 ………………………………………………………… 167
  - 10.1.3　水素 ………………………………………………………… 168
  - 10.1.4　二酸化炭素 ………………………………………………… 170
  - 10.1.5　アンモニア ………………………………………………… 171
  - 10.1.6　ものの燃焼前後の気体 …………………………………… 172
- 10.2　化学反応 ………………………………………………………… 173
  - 10.2.1　アルミニウムと塩酸の反応 ……………………………… 173
  - 10.2.2　炭酸水素ナトリウムの熱分解 …………………………… 175

10.2.3	鉄と酸素の反応	177
10.2.4	鉄と硫黄の反応	178
10.2.5	酸化銀の熱分解	181
10.2.6	炭素による酸化銅の還元	182
10.3	質量保存の法則	183
10.4	化学反応式	185
10.4.1	化学反応式を書くことの難しさ	185
10.4.2	理解を深める化学反応式の指導法	186
10.5	分解と化合	189
10.6	中和反応とイオン	192

第 11 章　月・星座・内惑星の動き

- 11.1 月の満ち欠け　198
  - 11.1.1 「月の満ち欠け」の学習内容　198
  - 11.1.2 「月の満ち欠け」のつまずきの要因　198
  - 11.1.3 理解を深める「月の満ち欠け」の指導法　199
- 11.2 星の日周，年周運動，内惑星　208
  - 11.2.1 星の日周，年周運動，内惑星の学習内容　208
  - 11.2.2 星の日周，年周運動，内惑星の動きを理解させるための教具の開発　209

第 12 章　だ液のはたらき

- 12.1 だ液のはたらきの学習内容　212
- 12.2 だ液のはたらきの実験の難しさ　212
- 12.3 開発しただ液のはたらきの実験法　213

第 13 章　理科授業で押さえておくべき指導法

- 13.1 数学との教科横断的な指導法　217
  - 13.1.1 理科と四則計算　217
  - 13.1.2 数学との教科横断的な指導事例　218
- 13.2 単位に着目した問題を解決させるための指導法　223
  - 13.2.1 単位指導の方法　223
  - 13.2.2 単位指導の効果　224
  - 13.2.3 単位をそろえないことの危険性　225
  - 13.2.4 公式における量同士の関係　226
- 13.3 応用問題を解決させるための指導法　228
- 13.4 類推問題でターゲット問題を解決させる指導法　231
- 13.5 4Qs による仮説設定を容易にさせる指導法　233

索引　238

第 1 章　ものの重さと体積

1.1　ものの重さと粒子概念

　小学 3 年「ものの重さ」では，形を変えたり，小さく分けたりしても，それらを全部集めれば重さは変わらないことを学習します．

　実際の授業では，児童に粘土を与えて，**図 1-1-1** のように，蛇のように細くのばした場合，平らにした場合，あるいは小さく分けてそれらを全部集めた場合のすべてで，もとの重さと変わらないことを電子天秤で確かめさせます．しかし，形を変えたりしてもなぜ重さは変わらないのでしょうか．その理由については，教師から児童には説明されません．事実のみを覚えさせられる，単なる暗記の理科授業で終わってしまっています．

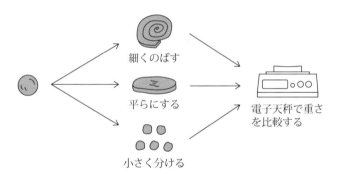

図 1-1-1　粘土の形と重さ

　ここで，「粒子概念；ものは小さな粒からできていること」を導入すると効果的です．まずは，児童に粘土は多くの小さな粒からできていることを説明します．そして，粘土が仮に 1000 個の小さな粒が集まってできているとし，粘土を蛇のようにのばした場合，うすく平らにした場合，あるいは小さく分割して全部集めた場合，重さは変わる

第1章　ものの重さと体積

のかについて児童に考えさせます．すると，粘土の形を変えても，粒の数は最初の1000個と変わらないことに気づき，児童は「形を変えても重さが変わらない」ことに納得します．

また，小学3年「ものの重さ」では，同じ体積にもかかわらず，金属，ガラス，木材というように種類が違うと重さが違うことも学習します．実際の授業では，鉄，アルミニウム，木，ゴムでできた同じ体積の物体を実際に手にとって重さを比べます（**図 1-1-2** は $50\ \mathrm{cm}^3$ の体積での比較）．その後，それらを電子天秤にのせて重さを測定し

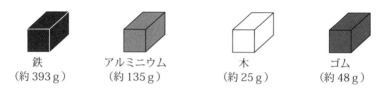

図 1-1-2　物の重さ（体積 $50\ \mathrm{cm}^3$ のとき）

ます．実験結果から，同じ体積でも物体の種類が違うと重さが違うことを学びます．ここでも，「粒子概念；ものは小さな粒からできていること」を導入すると効果的です．そして，鉄粉，砂粒，米粒，木くずなどをビニール袋に詰めこんで同程度の体積にしたものを実際に持たせて重さを比較させます．その後は，このように粒の中には重い粒や軽い粒などいろいろな種類の粒があるため，同じ体積で比べたとしても重い粒からできているものは重くなり，軽い粒からできているものは軽くなることを説明すると，児童は納得します．

日本では，「理解先行の学習」といって，児童・生徒が十分に理解できないとされた概念を用いることは極力避け，それらを児童・生徒が十分に理解できるようになるまでは教えないようにしてきました[1]．このため，「粒子概念；ものは小さな粒からできていること」は，一般には小学校ではあまり導入されていません．しかし，小学3年

以降の半数以上の児童は，ものは小さな粒からできているといったイメージを既にもっています[2]．このため「粒子概念；ものは小さな粒からできていること」を導入した授業を教師が行っても，児童は十分に理解できます．しかも，その授業を受けた児童の感想には，「難しいけれど，よくわかった」などといった意見があるのも事実です[3]．

小学 3 年から「粒子概念；ものは小さな粒からできていること」を導入して，ものは目に見えないほどの小さな粒からできていることを前提にした理科学習を始めておくと，後に学習する現象を児童に説明しやすくなります．このことについては，第 2 章の「水，空気，金属の性質」でも詳しく説明します．

<引用文献>
1) 板倉聖宣・江沢洋 (1985):「物理学入門 科学教育の現代化」，国土社，13.
2) 宗近秀夫 (2000):小・中学生の溶解概念に関する実態調査，理科教育学研究，40(3)，13-22.
3) 村上祐 (2010):小・中理科における望ましい粒子概念教育の提言―国の調査結果の背景および独自調査の分析から―，岩手大学教育学部研究年報，69，73-87.

1.2 密度

1.1 節で説明した，粒の種類によって重さが違うことをうまく表現する方法として，中学 1 年では「物質の密度」を学習します．ものの質量〔g〕を体積〔cm^3〕で割って，それぞれの 1 cm^3 当たりの質量〔g〕，すなわち，「物質の密度」〔g/cm^3〕を求めます．そうすることで，小学 3 年で学習したようなすべての物体を同じ体積で質量を比べる必要がなくなります．

1.2.1 質量と体積

この「物質の密度」の値は，純粋な物質では決まっています．表 1-2-1 のように，「物質の密度」は物質固有のもので，その数値か

第1章　ものの重さと体積

ら何の物質からできているのかを知る手がかりになります．

表 1-2-1　物質の密度

物質	密度〔g/cm³〕
鉄	7.86
銅	8.93
アルミニウム	2.69
水	1.00
氷	0.92
水銀	13.55

　同じ種類からできた物質であれば，グラフの横軸に体積〔cm³〕，縦軸に質量〔g〕をとり，点をプロット（グラフに点を打つこと）すると，**図 1-2-1** のようにすべての測定値がほぼ同一直線上にのることが確認できます．すなわち，同じ物質でできている物体であれば同じ直線上にのるので，直線の傾きが異なれば違う物質からできていると言えます．模擬テスト等では，数個の物体の質量〔g〕と体積〔cm³〕の測定値がプロットされた**図 1-2-2** のようなグラフが提示され，「これらの物体は何種類の物質からできていると考えられますか」と問う問題が出題されます．この解決には，同じ物質でできている物体であ

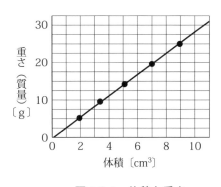

図 1-2-1　体積と重さ

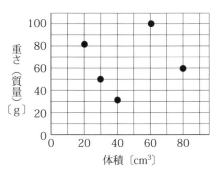

図 1-2-2　何種類かを問う問題

れば，原点を通る同一直線上にのるため，原点から何本の傾きの異なる直線が引けるかで判断することができます．**図 1-2-2**のグラフでは，原点から3本の傾きの異なる直線が引けますので，これらの物体は3種類の物質からできていることがわかります．

このように同一の物質からできた物体であれば，同一直線上にのることを生徒にわからせるために，私が中学校教員であったときには，以下のような実践を行っていました．

いろいろな大きさの鉄でできたボルトやナットをホームセンター等で5,6種類ほど用意し，それらを班ごとに配付します．それらの物体の質量を電子天秤で測定し，その後に水を入れたメスシリンダーにそれらを沈めて，水の増加分でその物体の体積を測定します．その際には，水を入れたメスシリンダーの底にゴム栓をあらかじめ沈めておき，そこへボルトやナットを沈めて水の増加分から体積を測定します．メスシリンダーにゴム栓をあらかじめ沈めておくことで，ボルトやナットを水中に入れた際の衝撃でメスシリンダーの底が抜け落ちて破損することが防げます．

測定後は，そのデータをもとにグラフの横軸に体積〔cm^3〕を，縦軸に質量〔g〕をプロットさせてグラフを完成させます．ここでの指導のコツは，測定値には誤差があることを伝え，そのために点をやや大きめにプロットさせることです．そして，これらの点が線の上下にうまくばらつくように，原点を通る直線を引かせることです．完成したグラフを眺めると，すべての点がほぼ同一直線上にのっていることが確認できます（**図 1-2-3**）．

次に，グラフの傾きを求めさせます．この時点ではまだ数学でグラフの傾きの学習は行われていません．このため，理科の授業中にグラフの傾きについて，簡単に説明を行う必要があります．1 cm^3のときの質量をグラフから読むことも可能ですが，グラフ上での読みやすい点を見出し，質量を体積で割ることでグラフの傾き（1 cm^3当

第1章　ものの重さと体積

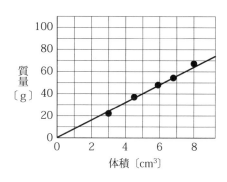

図 1-2-3　鉄製のボルト，ナットの質量と体積

たりの質量）が求められることを説明します．しかし，生徒はまだ数学でのグラフの傾きについては未習ですので，小学算数で履修した比を用いると，1 cm³ 当たりの質量 x 〔g〕の式は，「5 cm³ : 40 g = 1 cm³ : x 〔g〕」と表せます．x について解くと，x は 8.0 g/cm³ となり，鉄の密度 7.8 g/cm³ とほぼ近い値になることがわかります．ここでの測定値はあくまでもグラフを描くために必要なもので，直線の上下に測定値がうまくばらつくように線を引き，真の値はこの直線上にあるとみなします．つまり，たとえ自分達が実際に測定した値が近くにあっても，その数値はあえて用いずに，グラフ上にある真の値を用いることです．

1.2.2　単位量当たりの大きさと物質の密度

中学1年理科の「物質の密度」に近い概念として，小学5年算数では「単位量当たりの大きさ」を学習します．この単元では，ビニールシートの面積に対してそこに座る人の人数から，どちらのビニールシートの方が密であるかといった「シートの人口密度」を求めて比較する学習をします．この「シートの人口密度」に関し，全国学力・学習状況調査は，小学6年の児童のうちのどれくらいが理解できているのかを調べ，半数程度の児童しか「単位量当たりの大きさ」の意味

1.2 密度

や式について理解できていないことを報告しています[1]．

「シートの人口密度」の問題に正答できている，この半数程度の児童であれば，習得した「単位量当たりの大きさ」の概念を用いることで，未習である「物質の密度」の問題にも正答できてしまうのでしょうか．このことを確かめたいと思い調査を行いました．

全国学力・学習状況調査の「シートの人口密度」を算数問題（**図1-2-4**），それに準じて中学1年理科「物質の密度」で作成した理科問題（**図1-2-5**）の両問題を小学5年の児童に解かせました．その結果，「シートの人口密度」の算数問題に正答できた児童は，「物質

図1-2-4　混み具合の算数問題[2]

7

第1章 もののはさと体積

[2] 次の問題に答えましょう。

(1) アルミニウム(教室の窓わくなどに使われている金属)でつくったブロック㋐と鉄でつくったブロック㋑の2種類の金属からつくったブロックがあります。㋐と㋑のブロックの重さと体積は，ちがいます。

 ㋐ アルミニウムのブロック　4 cm³

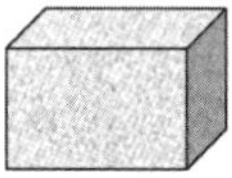

 ㋑ 鉄のブロック　3 cm³

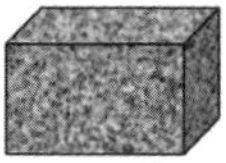

次の表は，ブロックの重さと体積を表しています。

ブロックの重さと体積

	重さ(g)	体積(cm³)
㋐	12	4
㋑	24	3

どちらのブロックのほうが重いもの(金属)からつくられているかを調べるために，下の計算をしました。

㋐　12÷4＝ 3
㋑　24÷3＝ 8

前の計算からどのようなことがわかりますか。
下の1から4までの中から1つ選んで，その番号を書きましょう。

1　体積1cm³あたりの重さは3gと8gなので，㋐のアルミニウムのブロックのほうが重いもの(金属)である。

2　体積1cm³あたりの重さは3gと8gなので，㋑の鉄のブロックのほうが重いもの(金属)である。

3　重さ1gあたりの体積は3cm³と8cm³なので，㋐のアルミニウムのブロックのほうが重いもの(金属)である。

4　重さ1gあたりの体積は3cm³と8cm³なので，㋑の鉄のブロックのほうが重いもの(金属)である。

図 1-2-5　物質の密度問題 [3]

の密度」の理科問題は未習にもかかわらず，8～9割程度の児童は正答できることがわかりました．すなわち，「シートの人口密度」のような2次元の問題を「物質の密度」のような3次元の問題に変えても，「単位量当たりの大きさ」の概念を習得している小学5年の児童は，中学1年で学習する未習の「物質の密度」にもこの概念を適用し，正答できてしまうのです[4]．

このことは，中学1年理科の「物質の密度」を理解させるには，小学5年における「単位量当たりの大きさ」の概念が必須で，これが理解できていないと，中学1年理科「物質の密度」や「圧力」などを理解することは厳しいとも言えます．つまり，小学5年算数で学習する「単位量当たりの大きさ」の概念をしっかりと押さえておくことで，中学1年理科で学習する「密度」や中学2年理科で学習する「圧力」もよく理解できるようになるのです．

＜引用文献＞

1) 国立教育政策研究所教育課程研究センター (2018)：平成30年度全国学力・学習状況調査解説資料　児童生徒一人一人の学力・学習状況に応じた学習指導の改善・充実に向けて，小学校算数．
2) 石井俊行・鶴見行雄 (2021)：小学算数「単位量当たりの大きさ」が中学理科「密度」に及ぼす効果～全国学力・学習状況調査「算数A」と比較して～，科学教育研究，日本科学教育学会，45(3), 280-291.
3) 前掲書2)
4) 前掲書2)

第2章 水・空気・金属の性質

2.1 物質の三態

　小学4年「姿を変える水」では，水が沸騰しているときに出てくる泡は何なのかを確かめます．**図 2-1-1** のような装置をつくって，水を加熱して出てくる気体を集めます．ビニール袋の中身を調べてみると，内側に水がついていることから泡の正体は水（水蒸気）であることがわかります．なお，湯気は水蒸気が冷やされた液体の状態の水で目で見ることはできますが，水蒸気は湯気が空気中で蒸発した気体の状態の水で目に見ることはできません．

　また，水は加熱すれば温度は上昇し，100 ℃になると沸騰しはじめます．沸騰している間は，温度は変化しません．逆に，水は冷やし続けると温度は下降し，0 ℃になると凍り始めます．水全体が氷になるまでは 0 ℃のまま変わりませんが，全体が氷になると，温度はさらに下がっていくことも学習します．

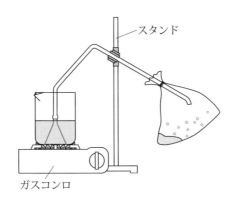

図 2-1-1　あわの正体を調べる実験

粒子モデルには7つの要素(①物質はすべて小さな粒からできている．②粒と粒の間には隙間がある．③粒の数は変わらない．④粒の重さは変わらない．⑤粒の大きさ・形は変わらない．⑥粒は熱運動している．⑦粒は互いに引き合う性質がある)があります[1]．そのうちの「①物質はすべて小さな粒からできている．②粒と粒の間には隙間がある．③粒の数は変わらない．⑤粒の大きさ・形は変わらない．」ことを児童に与え，気体，液体，固体では粒はどのような状態にあるのかを，小学4年の「水の姿とゆくえ」の学習後に発展として扱うとよいと思います．

展開としては，小さな粒にたとえた黒板用マグネットと容器を描いた小型ホワイトボードを各班に配布し，気体，液体，固体では粒同士の間隔はどのように違うのかを自由に話し合わせます．すると，「水は目に見えない小さな粒が密集しているから見ることはできるが，水蒸気は小さな粒がばらばらに広がっているから見ることはできない[2]」などといった結論を見出すこともできるようになります．

最後には，**図2-1-2**のように，固体は粒がきれいに並んでわずかに振動している状態，液体は粒が集まって自由に動けて互いに位置が変えられる状態，気体は粒が自由に飛んで動き回れる状態であることを説明します．中学校では，熱(熱エネルギー)を加えることで，固体，液体，気体と状態が変わり，固体と液体が同居する融解の状態と液体

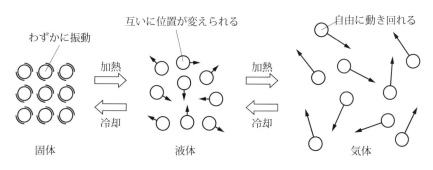

図2-1-2　三態の粒の様子

第2章 水・空気・金属の性質

と気体が同居する沸騰の状態では,温度変化がないことを学習します.物質の三態における粒の状態まで児童にうまく説明しておけば,2.4節の膨張や2.6節の対流の現象も理解しやすくなります.

<引用文献>

1) 菊地洋一・武井隆明・黄川田健・他7名(2018):粒子概念を柱とした小中学校の物質学習,岩手大学教育学部プロジェクト推進支援事業教育実践研究論文集5, 44-49.
2) 菊地洋一・髙室敬・尾崎尚子・本宮勇希・近藤尚樹・村上祐(2014):小学校の物質学習を通して粒子概念を有効に活用するための新規学習シート「つぶつぶシート」の提案,岩手大学教育学部附属教育実践総合センター研究紀要, 13, 33-43.

2.2　閉じこめられた空気と水

　小学4年の「閉じこめた空気」では,空気を入れて閉じこめた注射器のピストンを押しこんで,注射器の体積がどのように変化するかを調べます.

　ここでは,**図2-2-1**のように,空気を入れて閉じこめた注射器のピストンを押しこんで空気の体積を小さくしようとすると,もとに戻ろうとする力も大きくなることを手応えから実感させます.最初のピストン中の空気の粒の状態を**図2-2-2**(a)としたとき,ピストンを押しこん

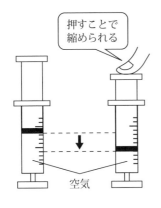

図2-2-1　体積が変えられる空気

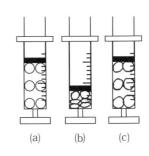

図2-2-2　児童が描く注射器内の空気の粒

2.2 閉じこめられた空気と水

だ際のピストン中の空気の粒の様子を児童に描かせると，**図 2-2-2**(**b**)のような空気の粒自体がつぶれて小さくなった図を描き，逆に手を離すと元の大きさに戻るような図を描きます（**図 2-2-2**(**c**)）．このことから，児童は何も教えてもらっていない状態では，粒がつぶれたといった素直な考え方をしていることがうかがえます．

一方，小学 4 年の「閉じこめた水」では，**図 2-2-3** のように水を入れて閉じこめた注射器のピストンを押しこんでもピストンは動かず，水の体積はほとんど変わらないことを実験で確かめます．

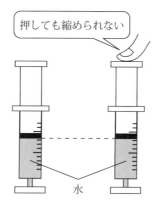

図 2-2-3　体積が変えられない水

では，なぜ「閉じこめた空気」と「閉じこめた水」では，実験結果が違うのでしょうか．そのためには，2.1 節で説明した，「物質はすべて小さな粒からできている．②粒と粒の間には隙間がある．③粒の数は変わらない．⑤粒の大きさ・形は変わらない」[1]を説明した後に，再度**図 2-1-2** を用いて，気体は粒と粒の隙間が大きく，粒はものすごいスピードで飛び回っていること，液体は粒と粒の間隔がそれよりも小さいが自由に動きまわれること，固体では間隔がさらに狭くなって整列していること，等のイメージを再度確認しておくとよいでしょう．このイメージができていると，粒と粒の隙間が大きい空気ではピストンを押しこめば体積は**図 2-2-1** のように小さくなれますが，粒と粒の

間隔がわずかしかない水では，図 2-2-3 のように体積は小さくなれないので，空気と水とでは実験結果に違いが出ることに児童は納得します．

<引用文献>
1) 菊地洋一・武井隆明・黄川田健・他 7 名（2018）：粒子概念を柱とした小中学校の物質学習，岩手大学教育学部プロジェクト推進支援事業教育実践研究論文集 5, 44-49.

2.3 「ものの温度と体積」の学習内容

　小学 4 年の「ものの温度と体積」では，空気，水，金属は温めると体積が大きくなり，冷やすと体積が小さくなることを学習します．
　空気を温める実験の前の空気の粒の様子を図 2-3-1 (a) とすると，「空気を温めると中の粒はどのようになるのだろうか」と，児童にそのイメージの図を描かせると，粒が大きくなったり（図 2-3-1 (b)），粒の数が増えたり（図 2-3-1 (c)），その両方であったりする（図 2-3-1 (d)）図を描きます．このように実験で空気を温めると体積が大きくなることを通常の授業（丸底フラスコにポリエステレンの栓をしたものを湯煎すると，丸底フラスコ内の空気が膨張してポリエステレンの栓が飛び出す実験など）で確かめたとしても，粒の運動が激しくなる正しい図（図 2-3-2）を描くことはなく，間違ったままの図 2-3-1 (b)(c)(d) のよう

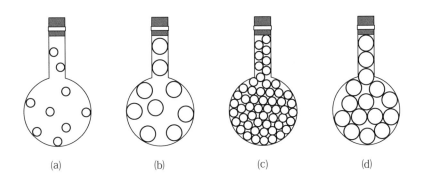

図 2-3-1　児童が描くフラスコ内の空気の粒

な図を描き続けてしまう傾向にあります[1]．それは，児童は「なぜ空気を温めると体積が大きくなるのか」の理由について，教師から説明を受けていないからです．一旦，間違った概念を保持してしまうと，正しい考え方に戻すには相当の時間を要しますし，間違った概念を修正するのは容易ではないことが報告されています[2][3][4]．

温度が高くなると粒の運動が激しくなる

図 2-3-2　温度が高くなったときの空気の粒

＜引用文献＞

1) 石井俊行・岡本智子・柿沼宏充（2020）：小学4年「ものの温度と体積」に粒子モデルを導入することの効果〜電子レンジで粒の動きと温度の関係に着目させて〜，科学教育研究，日本科学教育学会，44(3)，168-179.
2) Clement, J.（1982）：Students' preconceptions in introductory mechanics, *American Journal of Physics*, 50, 66-71.
3) 寺田光宏・中嶋健二（2012）：小学校4年生理科「水のあたたまり方」の指導の現状と改善，日本科学教育学会研究会研究報告，27(5)，97-102.
4) 仲野純章（2019）：非弾性衝突に関する誤概念とその修正方略の事例的研究．理科教育学研究，日本理科教育学会，59(3)，423-430.

2.4　理解を深める「ものの温度と体積」の指導理論

　では，単元「ものの温まり方」では，どのような指導を行えば，児童は「ものは温めると体積が大きくなる」理由について，理解できるようになるのでしょうか．

第 2 章　水・空気・金属の性質

　私は，ものは小さな粒が集まってできていることを活かし，かつ「粒は熱運動している」ことを取り入れた授業を行えば，児童にうまく理解させられるのではないかと考えました．しかし，一般には「粒は熱運動している（熱運動論）」ことは，小学 4 年の児童には難し過ぎて理解できないと思われ，中学生・高校生で学ぶことになっています．

　そこで，まずは教科書にも掲載されている，**図 2-4-1** のような水で満たした丸底フラスコにガラス管を埋めこんだゴム栓をし，丸底フラスコを湯煎するとガラス管中の水が上に移動し，それを氷水につけると，ガラス管中の水が下に移動することを確認させます．このことで，水は温めると水の体積が大きくなり，冷やすと体積が小さくなることがわかります．

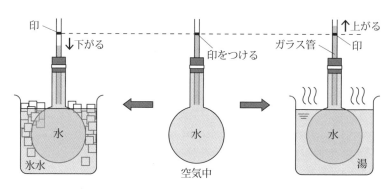

図 2-4-1　水の温度変化と体積

　次に，加えて「粒は熱運動している」ことを小学 4 年の児童にイメージさせるために，「発泡スチロール球を用いた指導」と「電子レンジのしくみについて理解させる指導」の両指導を行う新たな授業をつくりました．そして，この両指導を実施したクラスの児童と実施しなかったクラスの児童間で，「温度が高くなること」，「粒の動きが激しくなること」，及び「体積が大きくなること」の 3 つの関係性の理

解に差が生じるのかを調査しました．調査の結果，この両指導を実施したクラスの児童の方が実施しなかった児童に比べて，これら3つの関係性の理解が深められることが明らかになりました[1]．

次項にその具体的な方法について説明します．なお，一般には単元「ものの温まり方」では，金属，水，空気の順序に教えることになっていますが，唯一電子レンジで温めることができる水から学習をはじめ，空気，金属の順に教えることにしました．なぜなら，ご承知のように空気は電子レンジで温めることはできません．ましてや，電子レンジに金属を入れてしまうと火花が散り，発火する危険性もあるために絶対にしてはいけないからです．

<引用文献>

1) 石井俊行・岡本智子・柿沼宏充（2020）：小学4年「ものの温度と体積」に粒子モデルを導入することの効果〜電子レンジで粒の動きと温度の関係に着目させて〜，科学教育研究，日本科学教育学会，44(3), 168-179.

2.4.1 水の温度と体積

(ア) 水の発泡スチロール球を用いた指導

　ビーカー中の水の粒の動きが激しくなると体積が大きくなるというイメージを児童にもたせる手立てとして，ビーカーの底にスターラー（液体を入れたビーカーに回転子を入れ，この回転子を回転させることで液体を攪拌させる装置）の回転子を入れ，その上に直径10 mm程度の小さな発泡スチロール球をビーカーの6分目くらい入れます．さらにその上に水面に見立てたビーカーの内径に合わせて切った薬包紙をのせ，このビーカーをスターラーにのせます（図2-4-2(a)）．スターラーの回転子の回転数が上がると発泡スチロール球の運動が激しくなり，次第に薬包紙も上昇していくのが確認できます（図2-4-2(b)）．つまり，薬包紙は水面に見立てているので，粒の運動が激しくなると，体積が大きくなることが確認でき

第 2 章　水・空気・金属の性質

ます．この手立てにより，児童は粒の動きが激しくなると体積が大きくなっていくことが理解できるようになります．すなわち，「粒の運動が激しくなること＝体積が大きくなること」が理解できます．この様子は以下のサイトからご覧になれます．

(a)　　　　　　　　　(b)

図 2-4-2　回転数と発泡スチロール球の運動

なお，スターラーは約2万円程度と高価なので，学校でのスターラーの購入が難しい場合には，以下の電気ドリルを用いた別の方法でも，同様のことが確かめられます（**図 2-4-3**）．

図 2-4-3　電気ドリルを使った発泡スチロール球の運動

2.4 理解を深める「ものの温度と体積」の指導理論

> 【必要なもの】
> 電気ドリル…1個，直径 10 mm の発泡スチロール球…約 200 個，500 mL ペットボトル…1個，ろ紙…1枚，厚紙（4 cm×3 cm 程度）…1枚，「ミニルーター用軸付切断砥石」あるいは「ミニルーター用軸付ダイヤモンドカッター」…1個（100 円均一ショップで購入可）

① 透明の 500 mL ペットボトルの底から 10 cm 程度の箇所を切り，円柱状の容器をつくります．底にドリルの軸が入る大きさの穴を開けます．

② 「ミニルーター用軸付切断砥石」または「ミニルーター用軸付ダイヤモンドカッター」等の軸のネジを一旦はずし，厚紙の中心に穴を開けて先ほどのネジで厚紙を軸に固定します．厚紙の端を少し折り曲げて羽状にすると効果的です．

③ ①の容器の底からドリルを挿入し，ドリルの刃を取ってその代わりに②を上から装着します．②の軸の径が小さければ，軸にセロテープ等を巻いて太さを調整します．

④ 容器に発泡スチロール球を入れ，その上に水面に見立てたペットボトルの内径に合わせて切った円形状のろ紙をのせます．

⑤ ドリルで②の厚紙を回転させます．回転数を上げると，発泡スチロール球の運動が活発になり，薬包紙が上昇して体積が大きくなることが確認できます．なお，ドリルの軸が通る穴を開けた木材の台上に，①の円柱状の容器をネジで固定すると，これらの現象が観察しやすくなります．

(イ) 電子レンジのしくみについて理解させる指導

次に，電子レンジのしくみについて理解させます．そのために，電子レンジが用意できるのであれば，実際にビーカーに水を入れ，それを電子レンジで「チン」をして，水が温まったことを確認させ

第2章 水・空気・金属の性質

るとよいでしょう．

　その後に，なぜ電子レンジで「チン」をすると，ビーカーに入れた水が温まったのかを理解させるために，水の粒の動きが激しくなると，体積が大きくなるとともに温度も上昇していく様子のわかるアニメーションを視聴させます．

　加えて，水の粒は電子レンジのマイクロ波により強制的に振動させられて（発達段階に応じた説明として，「電子レンジは粒に動けと命令を出す調理器具だ」と説明し），水の温度が上昇していくしくみについても説明します．

　図 2-4-4 は，PowerPoint のアニメーションの中にある，電子レンジのマイクロ波により，水の入ったビーカーが温められていく様子を示した一場面を切り取ったもので，**図 2-4-5** は，20 ℃では穏やかに動いていた水の粒が，温度が上昇するにつれて次第に動きが激しくなり，体積が大きくなっていく様子を示した一場面（図は 40 ℃と 80 ℃のときの水の粒のようす）を切り取ったものです[1]．

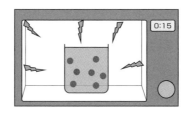

図 2-4-4　電子レンジで温めている水

　この手立てにより，児童は粒の動きが激しくなると温度が高くなること，すなわち，「粒の運動が激しくなること＝温度が高くなること」が理解できるようになります．

　なお，この PowerPoint のアニメーションが必要な方は，QRコードよりダウンロードすることができます．

2.4 理解を深める「ものの温度と体積」の指導理論

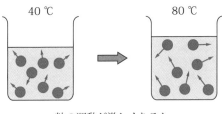

粒の運動が激しくなると
体積が大きくなる

図 2-4-5　水の温度上昇による体積膨張と粒の運動

<注>
1) この PowerPoint は，埼玉県教育委員会義務教育課指導主事柿沼宏充先生が作成されたものです．

2.4.2　空気の温度と体積

図 **2-4-6** のように，丸底フラスコにポリエチレンの栓をし，丸底フラスコをお湯の中に入れて温めます．すると，丸底フラスコからポリエチレンの栓が飛んでいくのが確かめられます．栓が飛んでいったのは，温度が高くなるとフラスコ内の空気の粒が激しく動き回って体積が大きくなったためであることを児童に説明します．

図 2-4-6　空気の体積の膨張で飛ぶ栓

図 **2-4-7** は，そのイメージをもたせるために，20 ℃では穏やかに動いていた空気の粒が，温度が上昇するにつれて次第に動きが激しく

21

第 2 章 水・空気・金属の性質

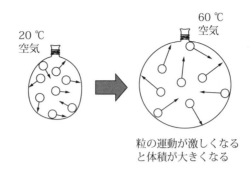

図 2-4-7　空気の温度上昇による体積膨張と粒の運動

なって，壁に当たる回数が増え，まわりに広がって体積が大きくなる様子を示すアニメーションの一部を切り取ったものです（図は 20 ℃と 60 ℃のとき）．2.4.1 項でダウンロードした PowerPoint のアニメーションの中に入っているので，これを見せながら説明を加えることで，児童は「空気を温めると粒の動きが激しくなって体積が大きくなること」が理解できるようになります．

2.4.3　金属の温度と体積

図 2-4-8 のように，加熱前の鉄球は輪を通り抜けることができますが，鉄球をガスバーナーで加熱すると，鉄球は輪を通り抜けることができなくなります．加熱した鉄球を水を入れた缶の中に入れて急激に冷やすと，再び鉄球は輪を通り抜けることができるようになります．

ここでも，2.4.1 項でダウンロードした PowerPoint の中にあるアニメーションを児童に見せながら，20 ℃ではほんのわずかだけ振動していた粒が，温度が上昇するにつれて振動が激しく（振幅が大きく）なって粒同士がぶつかり合い，そのぶつかりを避けようと周辺にわずかだけ広がるために体積が大きくなったことを説明します．このような説明をしていくことで，児童は，「金属は温度が高くなると粒の動きが激しくなって体積が大きくなる」ことが理解できるようになります．

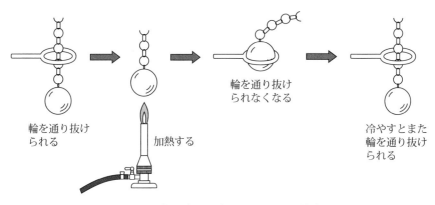

図 2-4-8　金属球の温度上昇による体積膨張

　以上のように,「発泡スチロール球を用いた指導」と「電子レンジのしくみについて理解させる指導」の両指導を行うことで,児童は,「温度が高くなること＝粒の動きが激しくなること＝体積が大きくなること」が理解できるようになります．つまり,「粒の運動が激しくなると温度が高くなって体積が大きくなり,逆に粒の運動が穏やかになると温度が低くなって体積が小さくなる」というイメージを児童はしっかりともてるようになります．このことが熱運動論の糸口となり,この考え方を基底に次の 2.5 節の「水と空気の対流」を含め,いろいろな現象をうまく捉えられるようになります．

2.5　「水と空気の対流」の学習内容

　小学 4 年に「ものの温まり方」という単元があります．
　ここでは,金属棒や金属板(正方形型かコの字型)にロウやペースト状の示温インクを塗った銅板(「示温銅板」という名称で示温インクが最初から塗られている銅板も販売されています)を用いて,ガスバーナーの炎を銅板の 1 か所に当てて加熱します．すると,銅板が加熱した箇所から放射状に,青色から赤色に変色していくのが観察で

きます．

　一方，水の対流では，水を入れたビーカーに示温インクを加え，それを下部から加熱して，その示温インクが青色から赤色に上部から変色し全体が温まっていく様子を観察したり，水を入れたビーカーの底に水にといだ絵の具をスポイトで静かにさしこみ，絵の具が下部から上部へ向かって移動していく様子を観察したりします．そして，水の対流では，温められた水は上部に向かって移動し，全体が温まっていくことを学習します．

　他方，空気の対流では，ビーカーの口をアルミニウム箔で塞ぎ，そこに線香の煙をため，ビーカーの底をカイロで温めて，下部から上部に向かって煙が動いていく様子を観察します．そして，空気の対流では温められた空気は上部に向かって移動し，全体が温まっていくことを学習します．

　しかし，児童は水や空気は温められると，なぜ上部に向かって移動するのかについては，説明することはできません．そのようになる理由については，教師から明確には教えてもらっていないからです．教科書には，「温められて温度の高くなった水や空気は上部へ移動する」としか明記されていません．それは，このことは密度概念も関係しているので，小学4年の児童に理解させることは困難だと考えられているからです．しかし，小学4年の児童でも，温まった水や空気がまわりの水や空気よりも軽くなれば上昇し，重くなれば下降することくらいは，すぐに理解できるはずです．

2.6　理解を深める「水と空気の対流」の指導理論

　そこで，水や空気は温められると粒の運動が激しくなって粒同士の間隔が広くなることで体積が大きくなり，まわりの水や空気よりも相

2.6 理解を深める「水と空気の対流」の指導理論

対的に軽くなること，逆に水や空気は冷やされると粒の運動が穏やかになって粒同士の間隔が狭くなることで体積が小さくなり，まわりの水や空気よりも相対的に重くなることをうまく教えられれば，小学4年の児童にも対流が起こる理由について理解させられるのではないかと考え，新たな指導法をつくりました．そして，この当該指導を実施したクラスの児童と実施しなかったクラスの児童間で，「対流が起こるしくみ」について理解に差が生じるかを調べました．

調査の結果，当該指導を実施したクラスの児童の方が実施しなかった児童に比べて「対流が起こるしくみ」についての理解度が高くなることが明らかになりました．通常は単元「ものの温度と体積」と単元「ものの温まり方」は，別の単元として独立に授業が行われています．しかし，これら2つの単元を関連づけて（現在のカリキュラム・マネジメント）指導することで，「水や空気は温めることで粒の運動が激しくなって粒同士の間隔が広くなり，体積が大きくなってまわりの水や空気よりも相対的に軽くなるので上昇していくこと」を，児童にうまく理解させられることが明らかになりました[1]．

次項で，その具体的な指導法について説明します．

＜引用文献＞

1) 石井俊行・真銅優香・岡本智子・柿沼宏充（2023）：小学4年「ものの温まり方」に「ものの温度と体積」を関連付けた指導の効果―カリキュラム・マネジメントで熱対流を捉えさせる―，科学教育研究，日本科学教育学会，47(3)，267-280．

2.6.1 水の対流

㋐ 水風船による水の比重の指導

通常の水の温まり方の授業後に，2個の水風船に水を入れ，片方の水風船は50℃ほどの湯で湯煎して50℃程度にします．もう片方の水風船は氷水の中に入れて5℃程度にします．これらの水風

船を非接触温度計で測り，児童にそれぞれの水風船の温度を知らせます．

次に，水道水（季節によっても多少違いますが 15 ℃前後の水）を入れた水槽を用意し，これら 2 つの水風船を水槽の中間の深さでそっと手を離します．すると，50 ℃の水風船は上方に移動して，5 ℃の水風船は下方に移動します（**図 2-6-1**）．以下のサイトからその実験の様子を観ることができます．

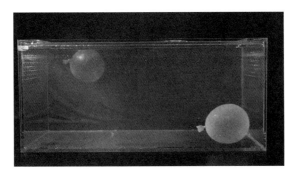

図 2-6-1　温度による水風船の動きの違い

この様子を観察した児童に，「なぜ水風船は，このような動きをしたのか」を考えさせます．その後，教師が「ものの温まり方」で学習した粒の熱運動を思い出させて，以下の 3 点を説明します[1]．

- 水は温めても冷やしても，粒の数が増えたり，粒の大きさが大きくなったりせず重さは不変であること．
- 水は温めると水の粒の運動が激しくなって粒同士の間隔が広くなり，体積も大きくなってまわりの水よりも相対的に軽くなること．
- 水は冷やすと粒の運動が穏やかになって粒同士の間隔が狭くなり，体積も小さくなってまわりの水よりも相対的に重くなること．

2.6 理解を深める「水と空気の対流」の指導理論

(イ) 示温インクを用いた冷却による水の比重の指導

次に，**図 2-6-2** のように示温インクで赤色になっている 50 ℃程度の水が入ったビーカーを，氷水の入った一回り大きなビーカーに入れて周囲から冷やします．そして，児童に「どの部分からもとの青色に戻ると思いますか」と尋ね，予想と理由を班で考えさせます．その後に演示実験を行い，ビーカーの下部から順に赤色から青色に変色することを確認させます．以下のサイトからその実験の様子を観ることができます．

図 2-6-2　冷却による示温インクの色の変化

さらに，「なぜビーカーの下部から順に青色に変色していったのか」を，児童全員に考えさせます．その後，教師が先ほどの水風船の実験と同様に，「冷やされた水は周囲よりも重いために下部に押し下げられ，下部から順に赤色から青色に変色していったこと」を説明します．この実験は，先の実験での温度が高い水風船は上方に移動し，温度が低い水風船は下方に移動する事実と符合します．これら2つの実験から「水の温度が高くなると，体積が大きくなり，まわりの水よりも軽くなって上方に移動し，逆に水の温度が低くなると体積が小さくなり，まわりの水よりも重くなって下方に移動する」ことが理解できるようになります．

2.6.2　理解を深める「水の対流」の授業の流れ

「水風船の授業」と「ビーカーの冷却の授業」の想定される教師(T)と児童(S)のやり取りを，以下に記します[2]．

【水風船の授業】

(T)　ここに水槽があります．水槽の水の温度は 20 ℃です．皆さんも水風船で遊んだことがありますね．緑色の水風船は氷水の中で冷やしたもので，中の水は放射温度計で温度を測ると 5 ℃です．もう 1 つ，ピンク色の水風船があります．これはお湯の中で温めたもので，放射温度計で温度を測ると 50 ℃です．では，2 つの水風船を水槽の中間の深さでそっと手を離すとどうなると思いますか．

(S)　両方とも浮くと思います．

(S)　緑色は浮いて，ピンク色は沈むと思います．

(S)　ピンク色も緑色も両方浮くと思います．

(T)　では，やってみます．(手を離すと，緑色 5 ℃は沈んでピンク色 50 ℃は浮く)

(T)　(黒板に予め撮っておいた結果の写真を示し，20 ℃，5 ℃，50 ℃の情報を貼りつけながら) 同じ水なのにどうしてこのような違う動き方をしたのでしょうか．

(S)　温かい水って軽いのかな．

(T)　温かい水と冷たい水の違いって，今まで勉強しませんでしたか．

(S)　確か，温度が高くなると体積が大きくなり，温度が低くなると体積が小さくなりました．温めると水の粒が激しく動いて体積が増えることを前の理科の授業で勉強しました．

(T)　そうでしたね．(ビーカーの中の水の温度が 20 ℃のときの水の粒の状態を示した図と温度が 50 ℃のときの水の粒の運動が激しくなって粒同士の間隔が広くなり，水面が少し上がり体積が大きくなっている状態の図を示しながら) 温度が高くなっても，粒の大きさと数は変わらないために重さは変わりませんが，温度が高くなると体積が大きくなりましたね．だから，ピンク色の水風船はまわりの水よりも体積が大きくなって軽くなり，上にいきました．逆に，冷たい水の入った緑色の水風船はまわりの水よりも体積が小さくなって重くなり，下に沈みました．

2.6 理解を深める「水と空気の対流」の指導理論

【ビーカーの冷却の授業】

(T) 先ほど，ビーカーの水がどのように温まっていくのかを調べる実験を班でしましたね．示温インクで赤色になっている状態の水を，氷水でまわりから冷やしていきたいと思います．どうなると思いますか．

(S) 青色に変わっていきます．

(T) そうですね．さっきの実験と逆のことを行うので，温度が下がると青色に戻ります．ではビーカーのどの部分から先に青くなっていくと思いますか．

(S) 下から．温かい水は上に移動するから，冷たい水は下に行くと思います．

(T) では氷水の入ったビーカーに，示温インクで赤色になっている水を入れてみますね．（しばらく観察させる）
どの部分から青色に変わってきましたか．

(S) 下から青くなりました．

(T) そうです．下から青くなっていきました．（氷水のビーカーから赤色から青に色が変わったビーカーを取り出して，より鮮明に色の変化がわかるようにして）温度が高くなっても，低くなっても粒の大きさや数は変わらないために重さは変わりません．しかし，冷たくするとまわりの水よりも体積が小さくなって重くなって下に沈みます．だから，下の方から青色に変わったのですね．逆に，温められると体積が大きくなるので，まわりの水よりも軽くなって上に移動します．水風船の実験と同じですね．

なお，これとは別に，温かい水は冷たい水に比べて軽いことを確かめる実践として，興味深い取り組みがあるので，ご紹介します．その実践とは，空のメスシリンダーを電子天秤にのせて 0 g に合わせます．そのメスシリンダーに温かい水（50 ℃程度）を 98 mL 程度入れ，最後にスポイトで調整しながら 100 mL にします．そして，50 ℃の水 100 mL の重さを測ります．同様の方法で，冷たい水（5 ℃程度）100 mL の重さも測ります．すると，同じ 100 mL の水にもかかわらず，温かい水（50 ℃程度）は，冷たい水（5 ℃程度）に比べ，わずかに軽いことが確かめられます[3]．この実験を通して，温かい水は冷たい水に比べて軽いことに児童は納得します．

29

<引用文献>

1) 石井俊行・真銅優香・岡本智子・柿沼宏充（2023）：小学4年「ものの温まり方」に「ものの温度と体積」を関連付けた指導の効果―カリキュラム・マネジメントで熱対流を捉えさせる―, 科学教育研究, 日本科学教育学会, 47(3), 267-280.
2) 前掲書1）
3) 栃堀亮（2024）：もののあたたまり方, 茨城大学教育学部附属小学校研究紀要, 43(1), 52-55.

2.6.3 空気の対流

　空気の対流では，ビーカーの口をアルミニウム箔で塞ぎ，そこに線香の煙をため，ビーカーの底をカイロで温めると，下部から上部に向かって煙が動いていく様子が観察できます．これに加えて，ソーラーバルーンの動画（無料のNHK for schoolでの「空飛ぶクジラ―ダイジェスト／大科学実験」）を視聴させ，ソーラーバルーンが太陽光に当たることで中の空気の温度が高くなり，まわりの空気よりも軽くなるために空に向かって上昇していくことを説明します．

　その後，教師が「ものの温まり方」で学習した粒の熱運動を思い出させて，以下の3点を説明します[1]．

・空気は温めても冷やしても，粒の数が増えたり，粒の大きさが大きくなったりせず重さは不変であること．
・空気は温めると空気の粒の熱運動が激しくなって，粒同士の間隔が広くなり，体積が大きくなってまわりの空気よりも相対的に軽くなること．
・空気は冷やすと，粒の運動が穏やかになって粒同士の間隔が狭くなり，体積が小さくなってまわりの空気よりも相対的に重くなること．

　以上により，児童・生徒は「温められた空気は体積が大きくなってまわりよりも軽くなって上方に移動する．そして，温度の低い空気は

まわりよりも重いために押し下げられる．これら2つの現象が同時に起こることで，対流が生じて全体が温まっていく」ことが理解できるようになります．

ここでのポイントは，「空気は温められると体積が大きくなって，まわりに比べて相対的に軽くなって上に移動する」ことです．これには，2.4節に述べた「熱運動論（水や空気は温めると粒の熱運動が激しくなって，粒同士の間隔が広くなって体積が大きくなること）」を児童・生徒がわかるように事前に説明しておくことで，学習はスムーズに進められます．

2.6.4 理解を深める「空気の対流」の授業の流れ

「空気の場合」の授業での想定される教師（T）と児童（S）のやり取りを以下に記します[1]．

【空気の場合の授業】

(T) （熱気球が飛んでいる写真を示しながら）熱気球は，なぜ上に上がっていったのでしたか．
(S) 温められて体積が大きくなったからです．
(T) そうですね．バーナーで温められた空気は体積が大きくなったために熱気球は上に上がっていったのです．以前に丸底フラスコに栓をして，閉じこめた空気をまわりからお湯で温めた実験を行いました．覚えていますか．（実験の写真を示しながら）栓はどうなりましたか．
(S) ポンと栓が飛んでいきました．
(T) そうでしたね．
(T) どうして飛んでいったのでしょうか．
(S) 温めたことで粒が激しく動いて，空気の体積が大きくなったからです．
(T) そうです．中の空気の粒の動きが激しくなって体積が大きくなり栓が飛びましたね．
(T) （2.3.1項の単元「ものの温度と体積」の学習で使用したPowerPointのアニメーションを用いて，温度が20℃の空気の粒の状態の図と温度が60℃の空気の粒の運動が激しくなって粒同士の間隔が広くなり，

第 2 章　水・空気・金属の性質

　　　体積が大きくなった状態の図 2-4-7 を示して）20 ℃のときの空気の動きと 60 ℃のときの空気の動きでは，60 ℃の方が粒が激しく動いて体積が大きくなりましたね．空気も水と同じように温めると体積が大きくなり，冷やすと体積が小さくなりますね．
(T)　では NHK のソーラーバルーンの動画を観てみましょう．
　　　（動画視聴）
(T)　ソーラーバルーンの中の空気は温められてどうなったのでしょうか．
(S)　温められて体積が大きくなっていきました．
(T)　そして，ソーラーバルーンはどうなりましたか．
(S)　ソーラーバルーンは上に上がっていきました．
(T)　なぜソーラーバルーンは上に上がっていったのでしょうか．
(S)　温められた空気は体積が大きくなったためにまわりよりも軽くなり，ソーラーバルーンは上に上がっていきました．
(T)　そうですね．温度が高くなっても，粒の大きさと数は変わりません．しかし，太陽の光によって温められたソーラーバルーンは，中の空気の粒の運動が激しくなって体積が大きくなります．すると，まわりの空気よりも軽くなるので，ソーラーバルーンは上に上がっていきます．逆に，太陽の光がソーラーバルーンに当たらなくなると，中の空気の粒の運動が穏やかになって体積が小さくなります．すると，まわりの空気よりも重くなるので，ソーラーバルーンは下に降りてきますね．
(S)　水も空気も同じなんですね．

＜引用文献＞

1) 石井俊行・真銅優香・岡本智子・柿沼宏充（2023）：小学 4 年「ものの温まり方」に「ものの温度と体積」を関連付けた指導の効果―カリキュラム・マネジメントで熱対流を捉えさせる―，科学教育研究，日本科学教育学会，47(3)，267-280.

2.7　ものの燃え方と空気の対流

　小学 6 年「ものの燃え方」では，粘土の上に火のついたろうそくを立て，それに底の空いた集気びんをかぶせてろうそくの燃え方を観察します．**図 2-7-1**(a)のように集気びんにふたをしなければ，集気び

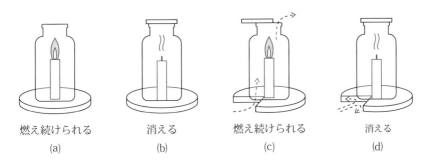

|燃え続けられる
(a)|消える
(b)|燃え続けられる
(c)|消える
(d)|

図 2-7-1　集気びんの状態と燃え方の違い

ん内の空気が入れ替わるために，ろうそくは燃え続けることができます．しかし，**図 2-7-1**(**b**)のように集気びんにふたをすると，集気びん内の空気が入れ替わらず，ろうそくは消えてしまいます．集気びんにふたをしても，**図 2-7-1**(**c**)のようにふたの底に隙間をつくっておけば，ろうそくは燃え続けることができます．しかし，**図 2-7-1**(**d**)のように集気びんの底に隙間をつくっても，ふたに隙間をつくらなければ，集気びん内の空気は入れ替わらず，ろうそくは消えてしまいます．

　この単元でも，2.6.3項「空気の対流」で説明した「温められた空気は体積が大きくなり，軽くなって上昇する」ことが関係しています．**図 2-7-1**(**c**)で，ろうそくが燃え続けられるのは，集気びん内の空気はろうそくの熱で温められて軽くなって上昇して集気びんの外に出ていきますが，その分新しい空気を下の隙間から補充できるからです．なお，この実験ではろうそくの炎で集気びんはかなり熱くなっていますので，やけどには十分に注意させましょう．

2.8　熱平衡

　お風呂のお湯が熱ければ，温度を下げるために水を入れてちょうどよい湯加減にします．これはお風呂のお湯がそれよりも温度の低い水

第2章 水・空気・金属の性質

を入れることで,その水を温めるのにお湯の熱が奪われ,やがて熱の移動が終了して,ちょうどよい温度になったからです.

一般に温かいものは冷たいものに熱を奪われ,冷たいものは温かいものから熱を吸収して熱の出入りが終了します.この状態を「熱平衡」と言います.なお,熱量ですが,物体の質量と温度変化との積で求めることができます.

小学理科では「熱平衡」は学習しませんが,中学理科で学習します.しかし,日常生活に密着した形ではほとんど説明がなされないため,「熱平衡」に関して間違った概念をもっている児童・生徒が多いのが現状です.その1つの代表的な例を,以下に紹介します.

皆さんはバレーボールをみんなで行うことになり,体育館でネットを張ることになりました.体育館倉庫には,ネットを支えるための鉄でできた支柱と化学繊維でできたネットが置いてあります.鉄でできた支柱に右手で触れ,化学繊維でできたネットに左手で触れると,皆さんは右手の方が左手に比べて冷たく感じられるはずです.このため,多くの人は鉄でできた支柱は化学繊維でできたネットに比べて温度が低いと思いがちです.しかし,これら2つを非接触温度計で測ってみると,両者は同じ温度であることが確かめられます.その理由は,鉄でできた支柱も化学繊維でできたネットも体育館倉庫という同じ空間に長時間あったために,既に熱の出入りが終了し「熱平衡」の状態にあるからです.

では,なぜ鉄でできた支柱の方が化学繊維でできたネットに比べ,私たちは冷たく感じてしまうのでしょうか.

これには,熱伝導の違いが関係しています.一般に銅,アルミニウム,鉄などの金属は熱伝導率が高いので熱を伝えやすく,コルクや紙は熱伝導率が低いので熱を伝えにくくなります.これには物質内の自

由電子の数が関係しています．

　仲立ちをする自由電子が多い物質ほど，原子・分子の振動（熱の正体）が遠くへと伝えられるため，皆さんの手にある熱が金属の奥の方へと運び去られて冷たく感じられます．つまり，金属のような自由電子の多い電気を通しやすい物質ほど熱伝導率が高く，触ると冷たく感じられます．一方，紙や木材には自由電子がほとんどありません．このため，原子・分子の振動（熱の正体）が遠くへと伝えられず，手にある熱が奪われないためにコルクや紙に触っても冷たく感じられません．

　余談ですが，巷には接触冷感の素材の衣類があり，触るとひんやりと冷たく感じられます．その素材自体が冷たいわけでありません．熱伝導率が高いものは熱を逃しやすく，熱を拡散しやすいものは熱を素早く移動させる性質があります．したがって，熱伝導率が高く，熱を拡散しやすい性質をもつ素材でつくられた衣類は，触るとひんやりと冷たく感じられます．

第3章 力のはたらき

3.1 ゴムや風の力

　小学3年「ゴムや風の力」では，ゴムの復元力を利用して，のばし方を変えることで物体の動きが変わることを学習します．また，風を受けやすい帆をつけた車は，風の強さを変えることで動き方が変わることを実験で確かめます．これらのゴムや風の力により，物体をより遠くへ動かしたり，物体を目標の位置に止まるよう(制御)にしたりします．

3.2 質量と重さ

　質量と重さは地球上に住む私達にとって，生活するうえでは厳密に区別する必要はありませんが，全く異なる概念と言えます．質量については中学1年で学習しますので，小学理科では重さと質量の区分けはせず，重さのみが用いられます．以下にそれぞれについて説明します．

3.2.1 質量

　質量は物体がもつ物質の量のことです．たとえば，1 kgの質量をもつ物体は，地球上であろうと他の天体であろうと，質量は1 kgと変わりません．質量の単位には〔kg〕や〔g〕が使われます．理科教育では，操作的定義(観察・実験などの操作を通して概念や量を定義したもの)として「質量は上皿天秤で量った値」というものがあります．それは地球上において，上皿天秤の左右に置かれた物体と分銅がつり合った状態であれば，他の場所(天体も含む)に移動しても物体

と分銅のそれぞれの重力の大きさは左右等しく増減するために，つり合いの状態が保たれるからです．つまり，**図 3-2-1** に示しますように，地球上で 60 kg の体重の人は，月の重力が地球の重力の約 1/6 になっても，地球上で 60 kg を示した分銅とつり合うことになります（左右600 N 同士の重力が，左右 100 N 同士の重力となるため）．

図 3-2-1　天秤の示す値と場所

3.2.2　重さ

　重さは，物体が地球上や他の天体から受ける重力の大きさのことです．重さは質量 m〔kg〕と重力加速度 g〔m/秒^2〕との積，すなわち mg〔N〕で表されます．なお，地球上での重力加速度は，約 9.8〔m/秒^2〕です．重さの単位にはニュートン（記号〔N〕）が用いられます．たとえば，地球上で 1 kg の質量をもった物体は，約 9.8 N の重さをもつことになり，100 g の質量をもつ物体は，約 0.98 N の重さをもつことになります．このため，中学理科では計算を簡略化するために，「質量 100 g の物体にかかる重力の大きさを 1 N とする」という文言がよく用いられます．

　理科教育では，操作的定義として「重さはばねばかりで量った値」というものがあります．重さはばねばかりの示す値ですので，場所が変わればその値も変わります．同じ地球上でも，重力の大きさは遠心力の違いから，特に赤道付近では小さくなり，極付近では大きくなって異なります．**図 3-2-2** に示しますように，月の重力は地球の重力の

第3章　力のはたらき

約 1/6 になるため，地球上で体重が 60 kg の人はばねばかりでは 600 N を示しますが，月面上では，その約 1/6 の 100 N を示すことになります．

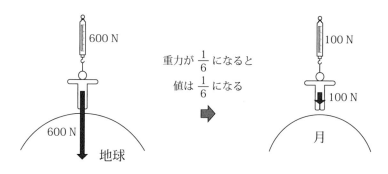

図 3-2-2　ばねばかりの示す値と場所

3.3　フックの法則

　ご存知のようにフックの法則とは「ばねののびはおもりの重さに比例してのびる」という法則です．この性質を利用したものが正にばねばかりであり，ばねばかりはそののびによって重さを測定する器具です．このフックの法則を確かめる実験は中学 1 年理科で行います．グラフの横軸におもりの重さを取り，縦軸にばねののびを取って測定値をプロットしていきます．すべての点は原点を通る同一直線上にのりそうですが，算数（数学）のようにきれいにはのりません．それは測定値には誤差がつきまとうからです．中学生はこの誤差については，フックの法則で初めて学ぶことになります．測定値のグラフの描き方については，1.2 節の密度で既に説明していますので，ここでは割愛します．おもりの重さとばねののびの関係のグラフは**図 3-3-1** のようになりますが，おもりの重さとばねの長さの関係のグラフであれば，グラフの切片がばねの元の長さとなり，切片を原点とする比例のグラフになります．

3.3 フックの法則

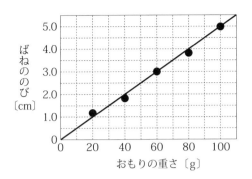

図 3-3-1　おもりの重さとばねののび

次に，ばねの問題でよく間違いやすい事例について，説明します．

ここに 100 g のおもりをつるしたとき，4 cm のびるばね A, B があったとします．**図 3-3-2** のように壁にばねの片方を取りつけ，もう片方にひもをつけて，定滑車を使っておもりの重力で下にひもを引くようにします．この場合，ばねは右側の 100 g の重力のみが影響するため，4 cm のびることがすぐにわかります．しかし，**図 3-3-3** のようにばねの両端に 100 g のおもりを定滑車につけてばねを左右から引くと，先ほどの 4 cm の 2 倍の 8 cm のびると解答する生徒がいます．それはばねが左右から引かれるために，片方から引かれているときに比べ，2 倍の力でばねが引かれていると勘違いしてしまうから

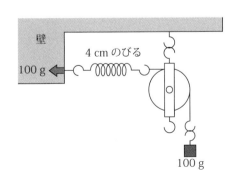

図 3-3-2　壁にひっかけた場合のばねののび

第3章 力のはたらき

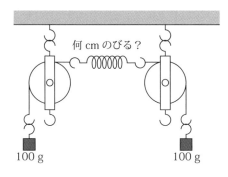

図 3-3-3　両側から引いた場合のばねののび

です．壁であっても，定滑車に取りつけられたおもりであっても，右側に引く力と同じ大きさの力で左側に引かなければ，右側のおもりは下に落ちてしまいます．このため，定滑車でおもりを引いても，壁に取りつけてもばねののびは 4 cm になります．

　加えて，ばねの直列つなぎと並列つなぎについても説明します．
　図 3-3-4(a)のように，ばね A，B ともに 100 g の重力で 4 cm のびるばねがあるとします．
　図 3-3-4(b)のばねの直列つなぎでは，片方のばねがのびきってしまったら，ただの針金だと思ってしまえば簡単に答えられます．まずばね A について考えてみると，ばね B が 100 g の重力で引かれてのびきってしまったら，ただの針金だと考えればよいのです．つまり，ばね A は 100 g の重力で引かれるので 4 cm のびます．次にばね B について考えます．ばね A がのびきってしまったら，ただの針金と考えればよいので，ばね B は 100 g の重力で引かれることで 4 cm のびます．したがって，ばね A もばね B もそれぞれ 4 cm のびることになります．

3.3 フックの法則

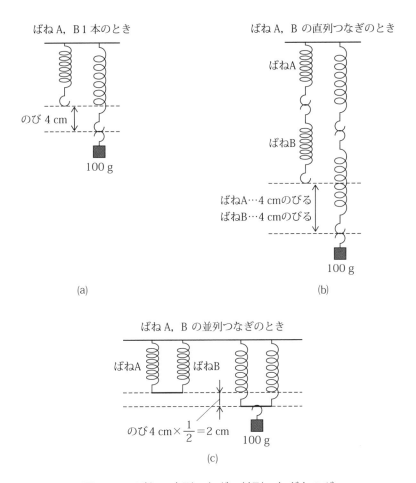

図 3-3-4　ばねの直列つなぎ・並列つなぎとのび

　図 3-3-4(c)のように，2個のばねの並列つなぎでは，おもりを2人でもっていることと同じことになるので，100 g の重力の半分の 50 g の重力がそれぞれのばねにかかることになります．このため，ばね A，ばね B ともに 4 cm の半分の 2 cm ずつのびることになります．4 つのばねの並列つなぎでしたら，100 g の重力を4等分した 25 g の重力がそれぞれのばねにかかるので，4 つのばねそれぞれが 1 cm のびることになります．

41

3.4 てこ

3.4.1 てこの種類

　小学6年「てこ」では，**図 3-4-1** のように「棒に力を加える力点」，「棒を支える支点」，「棒からものに力がはたらく作用点」の3点があり，支点から作用点までの距離が短いほど，支点から力点までの距離が長いほど，小さな力で物体をもち上げることができることを学習します．また，左右のおもりの位置によって，左右の力のモーメント（おもりの重さ×支点からの距離の和）が違ってくるため，それぞれの力のモーメントによって，てこのうでの傾き具合も違ってきます．

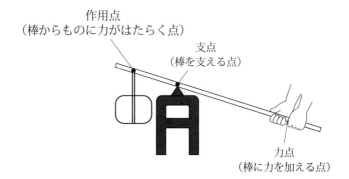

図 3-4-1　てこの3点

　特に左右の力のモーメントが等しいときには，つり合ってうでが水平になります（**図 3-4-2**）．このことは，体重差のある大人と児童がシーソー遊びを行う際に体感できます．大人は支点に近い位置に座り，児童は体重が軽い分なるべく支点から遠い位置に座れば，両者の力のモーメントがほぼつり合い，シーソー遊びがうまく行えます．

　また，身のまわりには様々なてこを利用した道具があり，力点，支点，作用点の位置の違いから第1種てこ，第2種てこ，第3種てこ，の3種類に分けることができます．

3.4 てこ

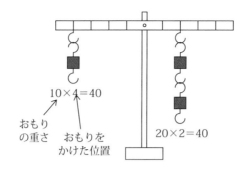

図 3-4-2　力のモーメントの大きさとつり合い

　第1種てこは，**図 3-4-3** のような支点が力点と作用点の間に位置するてこで，身近な道具にはペンチ，ハサミなどが挙げられます．これらの道具は，支点を軸に作用点と力点が左右にバランスよく配され，安定性があって小さな力で大きな力を生み出すことのできるてこと言えます．

　第2種てこは，**図 3-4-4** のような力点と支点の間に作用点が位置するてこで，身近な道具には，裁断機（カッター），せんぬきなどが挙げられます．これらの道具は，広範囲にわたって力点に力を加え続けないと作用点での作用がなされないという不利な面もありますが，小さな力で大きな力を生み出すことのできるてこと言えます．

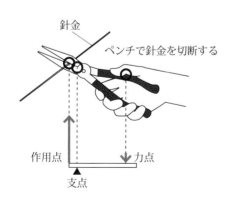

図 3-4-3　針金を切断するペンチ

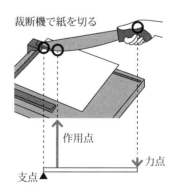

図 3-4-4　紙を裁断する裁断機

第 3 章　力のはたらき

　第 3 種てこは，図 3-4-5 のような力点が支点と作用点の間に位置するてこで，身近な道具にはトング，ピンセットなどが挙げられます．これらの道具は，小さな力で大きな力を生み出すには不利な面もありますが，小さな動きで大きな動きを生み出すには有利なてこと言えます．たとえば身体での例を挙げるならば，上腕二頭筋を使った肘の屈曲の動きでは，筋肉の短い収縮によって大きな動きを生み出すことができます．

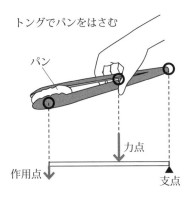

図 3-4-5　パンをつかむトング

　以上のように，第 1 種てこ，第 2 種てこ，第 3 種てこ，それぞれについて述べてきましたが，このように多角的な視点で実際の道具を眺めてみると，違った発見ができると思います．

3.4.2　つめきりと理科の有用性

　つめきりはとても面白い教具になりえます．小学 6 年のてこの学習の最後につめきりの構造をコラムに取り上げている教科書も一部見受けられますが，図 3-4-6 に示すように，つめきりは，てこ A とてこ B の 2 つのてこが連結したてこみなすことができます．単純な構造のようですが，よく観察してみると「そうなっているんだ」とうなずける絶妙な構造になっていると私は思います．しかも，使用しな

3.4 てこ

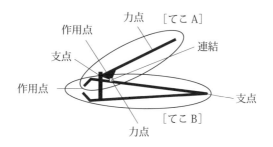

図 3-4-6　2 つのてこが連結したつめきり

いときは，押しこむレバーを 180° 回転させることで，コンパクトに収納することもできます．

　この素晴らしい構造をしているつめきりを児童によく観察させることで，児童に「理科（科学）を学ぶことの有用性」を実感させられるのではないかと考え，調査を行いました．

　調査の結果，つめきりの構造をじっくりと観察させたクラスの児童は，観察させなかったクラスの児童に比べ，「理科（科学）を学ぶことの有用性」を実感する児童が多いことがわかりました[1]．

　理科って一見地味な教科かもしれません．しかし，理科（科学）の進歩がなければ，我々は誰一人として現代社会を生きていくことはできません．朝起きてから寝るまでの間に，どれだけ科学（理科）の恩恵を享受して生活を送っているのかを，児童・生徒に認識させていきましょう．現在の日本の理科教育は，この点を児童・生徒に強く認識させることが必要だと常々感じます．

　なお，理科の備品や消耗品の購入費用は，学校予算の中で他の教科に比べて突出しています．このため小学校・中学校・高等学校・特別支援学校には，理科の備品の購入の補助が理科教育振興法に基づいて行われています．これをうまく活用して児童・生徒の理解を深める備品を揃えていきましょう．

第3章　力のはたらき

<引用文献>

1) 石井俊行・桝本有真・南口有砂（2020）：理科学習の意義や有用性を実感させるための指導法の検討〜小学6年「てこの利用」に爪切りを導入することの効果〜，奈良教育大学紀要，69(1)，125-131.

3.5　輪軸

　中学校ではほとんど扱われませんが，小学校では輪軸も扱われます．輪軸は軸が同じ円板を用いて，軸からの距離に応じて加える力を小さくしてくれる道具です．輪軸は，**図 3-5-1** のように，「力点と作用点の間に支点があるてこ」と考えられます．すなわち，小さい円板の半径 R_1 は支点から作用点までの距離にあたり，大きい円板の半径 R_2 は支点から力点までの距離にあたります．小さい円板の距離が1の箇所に物体をひもでつるすと，大きい円板の距離が3の箇所であれば，力の大きさは物体の重さの1/3で済むことになります．輪軸の例としては，ネジ回し用ドライバーやドアノブが挙げられます，ネジ回し用ドライバーの回す部分が大きいと，軽い力でネジを締めたり

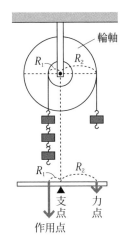

図 3-5-1　輪軸とてこ

開けたりすることができます．また，ドアノブは，取手の部分が大きいほど，軽い力で戸を開閉することができます．

3.6 定滑車と動滑車

定滑車は自由に回転できる車輪にひもをかけた道具です．この定滑車はその名の通りに車軸が定まった位置に固定されているため，上下方向には動かない滑車のことです．このため定滑車は力の大きさは変わりませんが，ひもを引く方向を変えるための滑車と言えます．図 3-6-1 のように定滑車は「支点が中心にあるてこ」と考えることもできます．すなわち，支点から作用点までの距離 R_1（滑車の半径）と支点から力点までの距離 R_2（滑車の半径 R）が等しいために，作用点にある物体の重さと力点で加えるひもを引く力の大きさは等しくなります（$R_1 : R_2 = 1 : 1$）．

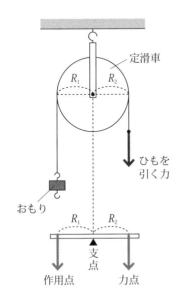

図 3-6-1　定滑車とてこ

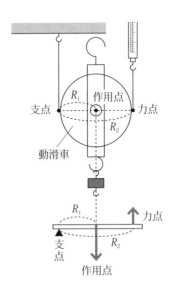

図 3-6-2　動滑車とてこ

一方，力の大きさが物体の重さの 1/2 の力の大きさで済む動滑車があります．この動滑車はその名の通りに滑車そのものが上下方向に動ける滑車のことです．この動滑車は「支点が端にあり，作用点が中央にあるて̇こ̇」と考えることができます．**図 3-6-2** では，天井につり下げられたひもを支点とすると，支点から作用点までの距離 R_1（滑車の半径 R）に物体の重さがかかり，それを支えるために支点から力点までの距離 R_2（滑車の直径；$2R$）で力を上向きに引き上げていると考えられます．このため動滑車では，支点から作用点（物体の重さ）までの距離 R に対し，支点から力点までの距離は $2R$ ですから，力の大きさは物体の重さの 1/2 で済むことになります．

このように説明をすることで，「動滑車はなぜ半分の力で済むのか」の理由まで説明できるようになります．

3.7　仕事の原理

中学 3 年では，道具や機械を用いても，その仕事の量は変わらないといった「仕事の原理」を学習します．

中学生に「仕事の原理」を説明するために，よく動滑車の実験が取り上げられます．3.6 節で説明しましたように，動滑車の実験では，支点から力点までの距離が滑車の半径 R の 2 倍の $2R$ になるため，加える力の大きさは物体の重さの 1/2 で済むことになります．

ところで，動滑車を用いると，ひもを引く長さはどうなるのでしょうか．

この実験で物体を引き上げるために必要なひもを引く長さを生徒に測らせると，動滑車の直径分の大きさがあるためか，ひもを引く長さをどこからどこまで測ればよいのかで迷い，失敗する生徒が出がちです．そのために動滑車の実験後に，**図 3-7-1** のような図を使って点 P の位置に小さな径の動滑車があるものと仮定して，説明するとわかり

3.7 仕事の原理

やすいと考えます(実験でも小さな径の動滑車を使用すると成功しやすい). 物体を 1 m 引き上げるには, 点 P の位置にある動滑車を点 Q の位置まで移動させる必要があります. つまり, AP の 1 m 分と PQ の 1 m 分を合わせた 2 m 分ひもを引くことで, 地点 P にあった滑車が地点 Q まで移動でき, 結果的に物体が 1 m 引き上がることになります. このため動滑車を用いると, 物体を直接引き上げるときに比べて, ひもを 2 倍引かなければならないことがわかります.

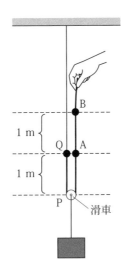

図 3-7-1　動滑車でのひもを引く長さ

したがって, 動滑車を用いると力は半分で済みますが, 物体を直接引き上げるときに比べ, ひもを引く長さは 2 倍となり, その積である「仕事の量」の大きさは変わらない「仕事の原理」が成り立ちます. ただし, これはあくまでも動滑車の重さを無視した場合で, 実際には動滑車には重さがあることから, 動滑車を用いた方が動滑車の重さの分だけ仕事の量は増えることになります.

しかし, 仕事の量が滑車の重さの分増えたとしても, 必要となる力

の大きさが 1/2 になる動滑車を用いることで，人力では引き上げることのできない重い物体を引き上げることができるようになります．
図 3-7-2 は動滑車を 3 個連結して重い物体を引き上げるための器具です．この器具を使用すれば，たとえば重さ 160 kg の物体でさえも，1 人で引き上げることができます．それは，動滑車を 3 個連結させることで，重さ 160 kg の $(1/2)^3 = 1/8$，つまり重さ 20 kg の物体を直接引き上げるときの力の大きさで済むからです．しかし，ひもを引く長さは，$2^3 = 8$ 倍の長さを引く必要があります (仕事の原理)．

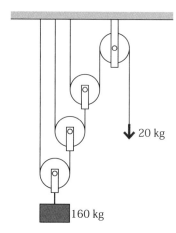

図 3-7-2　動滑車 3 個を連結した器具

3.8　圧力

1.2 節で「物質の密度」について説明しましたが，生徒はこの「密度」の方が「圧力」よりも身近に感じられるようです．それは同程度の大きさの物体であれば，実際に物体をもってみて重ければ「密度」は大きく，軽ければ「密度」は小さいとすぐにわかるからです．

一方，「圧力」は力の大きさや触れ合う面積の両方に関係することから，片方だけを固定し，もう片方を変えて比較することは難しいた

3.8 圧力

めに,「圧力」は「密度」に比べてイメージしづらい傾向にあります.
 「圧力」の授業でよく取られる方法として,削った鉛筆を**図 3-8-1**のように親指と人差し指で押さえるものがあります.この方法ですと,両方とも同じ力の大きさで指を押しているにもかかわらず,親指の方が人差し指よりも痛く感じるため,親指の方が人差し指に比べて「圧力」が大きいことがわかります.また**図 3-8-2**(**a**)のようにブーツをはいて雪の上に立った場合と**図 3-8-2**(**b**)のようにブーツにスキー板を取りつけて雪の上に立った場合を比べると,ブーツをはいて雪の上に立った場合の方がブーツにスキー板を取りつけたときよりも雪の中に深く埋まるので,「圧力」がより大きいことがわかります.

図 3-8-1　両指で押さえた鉛筆

図 3-8-2　ブーツのままとスキー板をはいたとき

 「圧力」の実際の実験では,水の入った 2 L 用ペットボトルのキャップ部分を下にして,プラスチック板の面積を大きいものから小さいものへと変えていき,スポンジのへこみ具合を比べます.**図 3-8-3**(**a**)

のように面積の大きなプラスチック板で押した場合にはスポンジはあまりへこみませんが，**図 3-8-3**(**b**)のように面積の小さなプラスチック板で押した場合にはスポンジのへこみ方が大きいことがわかります．

図 3-8-3　接する面積とスポンジのへこみ

また，**図 3-8-4** のように同じレンガを用いることで重さを一定にし，どの面をスポンジに当てたらへこみ具合が大きいかを予想させて，実際に実験を行うこともできます．実験結果から，**図 3-8-4**(**a**)のようにスポンジに接触させる面積の一番小さい面をスポンジに接触させるとへこみが一番大きく，**図 3-8-4**(**b**)，**図 3-8-4**(**c**)のように段々とスポンジに接触させる面積を大きくしていくと，スポンジのへこみが

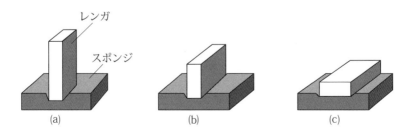

図 3-8-4　接する面積の大きさとへこみ

小さくなることがわかります．このため，「圧力」は，接触する面積の大きさに反比例することがわかります．また，レンガを2つ積み重ねて重さを2倍にすると（力の大きさが2倍になると），スポンジのへこみも大きくなることから，「圧力」は力の大きさに比例することがわかります．

その後，「圧力」は単位面積当たり（$1\ \mathrm{m}^2$ 当たり）にどれだけの力の大きさが垂直にはたらいているかで表し，その式が(1)式であることを説明します．

$$\text{圧力}\ P\ [\mathrm{Pa}] = \frac{\text{面に垂直に加わる力の大きさ}\ F\ [\mathrm{N}]}{\text{力がはたらく面積}\ S\ [\mathrm{m}^2]} \quad \cdots (1)$$

なお，$1\ \mathrm{Pa}$（パスカル）$= 1\ \mathrm{N/m}^2$（ニュートン毎平方メートル）となります．

3.9 浮力

3.9.1 沈む物体にはたらく浮力が主要な浮力の学習

浮力ほど中学校理科教員によって生徒に教える内容に違いが生じる単元はないのではないでしょうか．

特に中学生は，浮力と書くと，漢字を「うりょく」と読む生徒もいます．また「浮力」と書くので，多くの中学生は「浮く物体のみにはたらく力」だと勘違いしがちです．

平成29年告示の中学理科学習指導要領には，「浮力については，たとえば，ばねばかりにつるした物体を水中に沈めると，ばねばかりの示す値が小さくなることなどから，浮力が働くことを理解させる[1]」と記されています．このため，主要5社の教科書を調べてみても，水に沈む物体にはたらく浮力の実験がメインに扱われ，「アルキ

メデスの原理」は教科書のコラムなどに紹介されています．また，中学1年で扱われていた浮力は，平成29年告示の中学校理科学習指導要領から中学3年の扱いとなりました．

「アルキメデスの原理」は，「液体(水)中にある物体，あるいは液体(水)に浮いている物体は，その物体が押し退けている液体の重さと同じ上向きの浮力を受ける」というものです．「押し退けた」という日本語の意味がよくわからないために，「アルキメデスの原理」を生徒はよく理解できないのだと私は思います．このことを，「水(液体)中に沈んでいる体積分の水(液体)の重さと等しい大きさの浮力を受ける」と言い直して教えることで，水(液体)中に沈む物体も，水(液体)に浮く物体も，同様に水(液体)中に沈んでいる部分の体積と同じ水(液体)の重さ分だけ浮力を受けることが理解できるようになると考えます．

＜引用文献＞
1) 文部科学省（2018）：中学校学習指導要領（平成29年告示）解説理科編，学校図書．

3.9.2　最適な浮力の授業内容の型

浮力の指導内容は，以下の㋐～㋒の3つに大きく分けることができます．

㋐　教科書にある水に沈む物体にはたらく浮力のみで，水に沈む部分の体積が大きくなるにつれて浮力が大きくなっていくといった定性的な内容に留める．

㋑　「アルキメデスの原理」を学習させて，水に沈む物体にはたらく浮力のみを定量的に扱う．

㋒　「アルキメデスの原理」を学習させて，水に沈む物体と水に浮く物体の両方にはたらく浮力を定量的に扱う．

では，㋐～㋒のどの授業内容をとれば，中学生は浮力についての

理解が深められるのでしょうか．

　㋐〜㋒の授業を同一時間内に行って調査を行った結果，㋒の指導を行った生徒は，教科書にある㋐の指導を行った生徒に比べ，水に浮く物体にはたらく浮力の理解が向上することが明らかになりました．また，㋐の「アルキメデスの原理」を学習しなかった生徒の方が浮力の学習を難しく捉える傾向にあり，特に，中学生は浮力の現象を水に沈む物体にはたらく力というよりも，むしろ船や浮き輪などのような水に浮く物体にはたらく力であるといったイメージをもっていることが明らかになりました[1]．そのイメージに合致させるためにも，㋒の水に浮く物体にはたらく浮力についても授業で積極的に扱っていくべきだと私は考えます．

　繰り返しますが，水に浮く物体にはたらく浮力も扱うことで，「アルキメデスの原理」は水に浮く物体も，水に沈む物体も同様に，水中に沈んでいる体積分の水（液体）の重さで決まることがよく理解できます．

＜引用文献＞

1) 石井俊行・田中智貴・吉岡照子（2020）：浮力の指導内容の違いが中学生の理解や意識に及ぼす影響〜アルキメデスの原理の学習の効果〜，次世代教員養成センター研究紀要，奈良教育大学，6，181-186.

3.9.3　理解を深める浮力の指導法

　以下に，私が提案する浮力の指導法について記します．

　どの教科書にも，沈む物体についての実験が取り上げられています．**図 3-9-1** のように，物体を水中に半分くらい沈めたとき物体は軽くなり，物体全部を水に沈めたときに浮力は最大になります．さらに深く物体を沈めても浮力の大きさは変わりません．実験を行わせて，水に沈む物体はその水に浸る体積が大きくなるほど浮力は大きくなることを確認させます．

　次に，「アルキメデスの原理」に触れ，物体が水中に沈んでいる体

第3章 力のはたらき

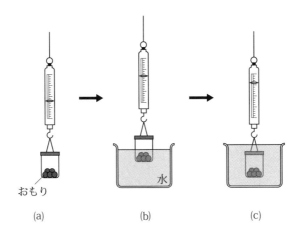

図 3-9-1　水に沈んだ体積と浮力の大きさ

積分の水の重さと同じ上向きの浮力を受けることを説明します．

　1つの方法として，まず水槽を電子天秤に置いて0 gにセットした後，電子天秤から水槽をおろします．次に大きめのコップに水を満杯に入れ，それを水槽の中に置きます．物体をひもでつるし，ばねばかりで空気中での重さを測定します．**図 3-9-2** のように物体を水中に半分ほど浸すと，水に沈んだ体積分の水が水槽の上にあふれ出てたまります．そして，このときの物体の重さをばねばかりで測定し，物体

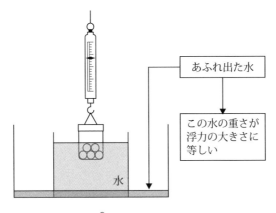

図 3-9-2　押し退けた水の重さと浮力の大きさ

が受けた浮力の大きさを，空気中での物体の重さと水中に半分浸したときの物体の重さの差から求めます．一方，水槽にあふれ出た水の入った水槽を電子天秤にのせて，あふれ出た水の重さを測定します．すると，物体が受けた浮力の大きさとあふれ出た水の重さが等しいことがわかります．

次に，水中に物体を全部沈めたときも同様の方法で実験します．すると，物体が受けた浮力の大きさとあふれ出た水の重さが等しいことがわかります．

以上，2つの結果から，「浮力の大きさは，物体が水に浸った体積分の水の重さに等しい」という「アルキメデスの原理」が理解できます．

さらに，浮いている物体にはたらく浮力についても実験を行います．

100円均一ショップなどにあるタッパーを船に見立て，ビー玉も用意しておきます．タッパーに紙粘土を加えてトータルで100 g（= 1 N）の重さになるように調整します．船の重さは1 Nですから，浮力の大きさはこれとつり合う大きさの1 Nとなり，これらの2力がつり合って船は水に浮かぶことになります．ここで強調すべきこと

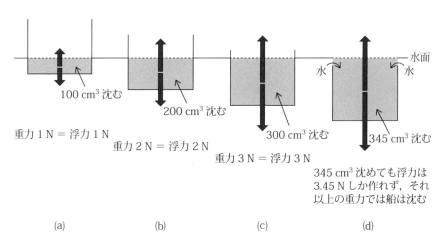

図 3-9-3　船が浮かぶ理由の説明図

は，**図 3-9-3**(a)のように船は浮力 1 N を生み出すために船体を水中に 100 cm³ 沈めているということです．

ビー玉 18 個集めると重さは約 1 N となりますので，ビー玉 18 個の入った紙コップを用意しておきます．船 1 N に，このビー玉 18 個（約 1 N）を入れると，船はトータルで 2 N の重さになります．**図 3-9-3**(b)のように船 2 N を浮かべるには，これとつり合う 2 N の浮力を生み出す必要があり，そのために船は船体を水中に 200 cm³ 沈めています．

重さ 2 N の船にさらにビー玉 18 個（約 1 N）を入れると，**図 3-9-3**(c)のように船はトータルで 3 N の重さになります．船 3 N を浮かべるには，これとつり合う 3 N の浮力を生み出す必要があり，そのために船は船体を水中に 300 cm³ 沈めています．

このとき，船の壁は水面にかなり近づいていることから，次のビー玉 18 個（約 1 N）は丁寧に入れていきます．ビー玉を 1 個入れる度に，その重さ分の浮力を生み出すために船は水中に体積を沈めていきます．船の体積は 345 cm³ しかないので，浮力は最大でも 3.45 N しか生み出せず，それ以上のビー玉を船にのせれば，水が船内に入りこみ，船は水中に沈むことになります（**図 3-9-3**(d)）．

これらの実験を演示あるいは生徒に実験させることで，水中に沈む物体も水に浮かぶ物体も，浮力を生み出すために見合うだけの体積を水中に沈める必要があることが理解できます．

この点をうまく説明する公式として，高等学校物理基礎では，浮力 $f = \rho V g$ を学習します（ρ：液体の密度，V：沈んでいる部分の体積，g：重力加速度）．高校生は，この公式に基づいて浮力の大きさを知りえますが，浮力の本質を理解するには，やはり水に沈む物体と水に浮く物体の双方の浮力の実験を行って確かめさせたいところです．

第4章 ものの運動

4.1 振り子

　昔よく見られた振り子時計もほとんど見られなくなり，日常生活での「振り子」の事例は随分と少なくなってしまいました．現在での振り子が使われているものとしては，音楽用のメトロノームや児童が遊ぶブランコなどに限られます．

　小学5年で学習する「振り子」は，「条件制御」を学習するための最適な単元となります．ここでは，**図 4-1-1** のような振り子が1往復する時間（周期）が，何に影響されるのかを調べる実験となります．影響を及ぼすものとして，おもりの重さ，振れ幅，糸の長さが考えられます．これら3つのうちの1つのみを変えて，それが1往復する時間（周期）に影響を及ぼすか否かを調べることになります．2つの条件を同時に変えてしまうと，どちらの条件に影響されたのかがわからなくなりますので，1つしか条件を変えてはならないことを児童にしっかりと指導しておく必要があります．

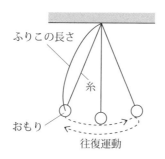

図 4-1-1　往復運動するふりこ

第4章　ものの運動

　ご承知のように，高等学校の物理基礎には，1 往復する時間（周期） T〔秒〕を，糸の長さを L〔m〕，重力加速度を g〔m/秒^2〕とすると，

$$T = 2\pi\sqrt{\frac{L}{g}} \cdots (1)$$

で表すことができると記されています．

　この式を見ると，1 往復する時間（周期）T〔秒〕は，おもりの重さ m〔kg〕や触れ幅 θ〔°〕は含まれていません．したがって，1 往復する時間（周期）はおもりの重さや触れ幅に関係なく，糸の長さ L〔m〕のみに影響されることがわかります．しかも，この式は振れ幅が非常に小さいときのみ成立することから，振れ幅が 10°，20°，30° のうちはほとんど影響は受けません．しかし，振れ幅がこれを超え出すと，この式を求める際の前提条件（振れ幅が小さいとき）が崩れてしまい，振れ幅の影響を受けることになります．

　また，(1)式はもっと簡略化できます．と言いますのも，重力加速度 g〔m/秒^2〕は 9.8 m/秒^2，π は 3.14 なので，(1)式は

$$\begin{aligned} T &= 2\pi\sqrt{\frac{L}{g}} \\ &= 2 \times 3.14 \times \frac{\sqrt{L}}{\sqrt{9.8}} \\ &\fallingdotseq 2\sqrt{L} \end{aligned}$$

となります．それは偶然にも $3.14 \div \sqrt{9.8} \fallingdotseq 1$ とほぼ相殺できる数値になっているからです．ただし，比例定数の 2 ですが，本来は 2 秒/m$^{1/2}$ という次元をもっていることになります．

　したがって，(1)式は，

$$T = 2\sqrt{L} \quad \cdots (2)$$

と表すことができます．この式を覚えておくと，以下のような質問を児童にされても，即座にあなたは答えることができます．

(ア) 児童の「周期が1秒の振り子をつくりたいのですが，糸を何 cm にすればよいのですか」という質問に対しては，(2)式の T に1秒を入力すれば，$1 = 2\sqrt{L}$ で，$\sqrt{L} = 1/2$ となり，両辺を2乗することで，$L = 1/4$ m と求められます．すなわち，糸の長さを 25 cm にすれば1秒振り子がつくれます．児童に「1秒振り子をつくろう」と児童に投げかけ，1往復する時間(周期)が1秒になる糸の長さを見出させる研究授業が全国で行われています．教師があらかじめ糸の長さを 25 cm にすれば「1秒振り子がつくれる」ことを知っておくことで，この授業はうまくつくれます．

(イ) 児童に「糸の長さが 0.5 m，1 m，2 m，3 m，4 m のときは，1往復する時間(周期)は何秒になるのですか」という質問に対しては，(2)式の $2\sqrt{L}$ の L に 1/2，1，2，3，4 の数値をそれぞれ代入すればすぐに求められます．$T = 2\sqrt{L}$ の L に 1/2 m を代入すると，$T = \sqrt{2}$ 秒 = 1.41 秒 になります．L に 1 m を代入すると，$T = 2\sqrt{1} = 2$ 秒，L に 2 m を代入すると，$T = 2\sqrt{2} = 2.82$ 秒，L に 3 m を代入すると，$T = 2\sqrt{3} = 3.46$ 秒，L に 4 m を代入すると，$T = 2\sqrt{4} = 4$ 秒になります．

ただし，実際には誤差がつきまとうため，1往復する時間(周期)がおもりの重さや振れ幅に影響しないことを見出すことは難しいものです．

おもりの重さと1往復する時間(周期)の関係の実験でしたら，糸の長さを 50 cm，角度を 20°と決めたら，**図 4-1-2** のようにおもりの重さを 100 g，200 g と変え，1往復する時間(周期)がどのように変

化するのかを実験します．数値をクラスで平均すれば，おもりの重さが 100 g でも 200 g でも周期 T は変わらず，

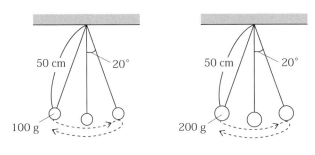

図 4-1-2　おもりの重さと周期

$$T = 2\sqrt{\frac{1}{2}}$$
$$= \sqrt{2}$$
$$= 1.4 秒$$

にほぼおさまることがわかります．つまり，1 往復する時間（周期）はおもりの重さが変わっても変わらないことがわかります．

　この実験で，おもりの重さを 100 g から，2 個の 100 g のおもりを使って 200 g にする場合には，必ずおもり 2 個を同じ箇所に取りつけることです．おもり 100 g の下におもり 100 g を連続に取りつけてしまうと，おもり全体の重心が下方にずれることになり（糸の長さが若干長くなったことになる），1 往復する時間（周期）とおもりの重さの関係を正確に測定できなくなります．

　振れ幅と 1 往復する時間（周期）の関係の実験でしたら，たとえばおもりの重さ 100 g，糸の長さを 50 cm と決めたら，**図 4-1-3** のように角度を 10°，20°，30° と変えていき，1 往復する時間（周期）がどのように変化するのかを調べます．数値をクラスで平均すれば，ど

4.1 振り子

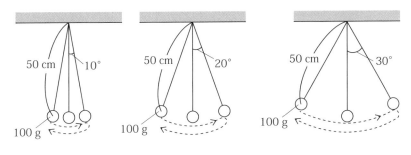

図 4-1-3　振れ幅と周期

の角度でも約 1.4 秒にほぼおさまることがわかります．

　糸の長さと 1 往復する時間（周期）の関係の実験でしたら，たとえばおもりの重さ 100 g，触れ幅を 20°と決めたら，糸の長さを 100 cm，80 cm，60 cm，40 cm，20 cm と変えていき，周期がどのように変化するのかを調べます．**図 4-1-4** は糸の長さが 60 cm，40 cm，20 cm のみを示したものですが，教師がたこ糸にあらかじめ 5 色のマジックで色分けして，糸に印をつけておくと実験はスムーズに行うことができます．一番長い 100 cm から始めて，80 cm の印まで軸に糸を巻きつけて 80 cm にして実験を行います．同様に，60 cm，40 cm，20 cm と印までひもを巻きつけて糸の長さを短くして実験を行います．その結果を黒板やロイロノート等のソフトに入力させて，その平均値を求めていくと糸の長さが長いほど周期が長くな

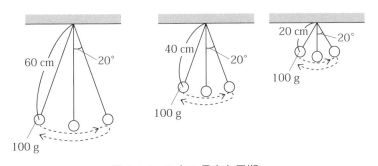

図 4-1-4　ひもの長さと周期

第4章 ものの運動

ることを掴（つか）むことができます．他のアナログ的な取り組みとしては，模造紙に描いた枠に，自分達の班の測定値の平均値を赤丸シール等で貼らせていく方法があります．**図 4-1-5** は，6つの班が枠に赤丸シールを貼った結果を示したものです．この模造紙から，周期は糸の長さが長くなるにつれて長くなることが一目でわかります．

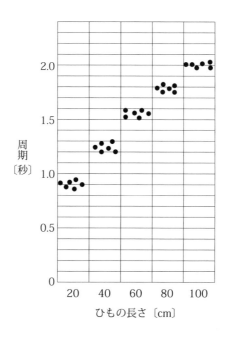

図 4-1-5　ひもの長さと周期の実験結果

　児童には平方根は難しいので，1往復する時間（周期）T を縦軸に，$\sqrt{L}$ を横軸にとってグラフを描かせることはできません．しかし，読者の皆さんでしたら，1往復する時間（周期）T を縦軸，$\sqrt{L}$ を横軸にグラフを描いていただくと，**図 4-1-6** のような1往復する時間（周期）T は $\sqrt{L}$ に比例するグラフとなり，その傾きは約2になることがわかります．したがって，(2)式の $T = 2\sqrt{L}$ で，周期 T が求められることがわかっていただけると思います．ただし，前述しましたよう

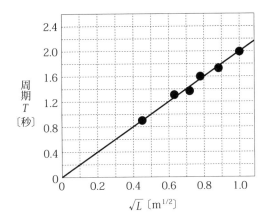

図 4-1-6　$\sqrt{L}$ と周期 T

に，ここでの比例定数 2 は，2 秒/$m^{1/2}$ という次元をもっていることになります．

他方で，これらの結果を受け入れることに納得がいかないという児童もいるかもしれません．それはなぜ 1 往復する時間 (周期) は糸の長さのみに関係し，おもりの重さや振れ幅には関係がないのかという疑問が実験結果だけでは解消されないからです．この疑問を解消させないと，結果を覚える暗記の理科になってしまいます．

では，なぜおもりの重さや振れ幅には関係せずに，糸の長さのみに関係しているのでしょうか．

まず，おもりの重さでは，橋の上から川に向かって軽い石と重い石を同時に落とすと，軽い石も重い石も同時に川面に到達します．ガリレオのピサの斜塔での実験の話です．重い石は地球に大きな力で引っ張られますが，その分重いために動きが鈍く (加速されにくく)，逆に軽い石は地球に小さな力で引っ張られますが，軽いためにその分素早く動くことができます (加速されやすい)．このため，重い石も軽い石も同時に川面に到着することになります．これは，振り子の場合

第 4 章　ものの運動

も同様に当てはまります．したがって，振り子の1往復する時間（周期）はおもりの重さには関係しません．このことを児童に説明してあげると，児童は納得します．

　次に振れ幅ですが，振り子は最下点に到達するときの速さが一番速いことは，動きを見ていればすぐにわかります．振れ幅が大きいと移動する距離も長くなりますが，その分速さも速くなります．逆に振れ幅が小さいと移動する距離は短くなりますが，速さはそれほど速くはなりません．したがって，振り子の1往復する時間（周期）は振れ幅には関係しません．このことを児童に説明してあげると，児童は納得します．

　さらに，糸の長さですが，糸の長さが長いほど1往復する距離が大きくなることがわかります．しかし，糸の長さの変化に比べて速さはそれほど速くはなりません．したがって，糸の長さが長いほど1往復する時間（周期）も長くなっていきます．

　ここで，糸を短くすると周期が短くなることを手っ取り早く確かめる方法をご紹介します．往復運動している振り子の糸のつけ根に手を当て，つぼめて下にずらして糸の長さを短くするというものです．先ほどよりも往復運動が速くなり，糸の長さを短くすると往復する時間（周期）も短くなることがすぐにわかります．このように児童に説明したり確かめさせたりすることで，振り子の1往復する時間（周期）は振れ幅や重さには関係なく，糸の長さのみに関係することが受け入れやすくなります．

　最後に，振り子の1往復する時間（周期）は，糸の長さのみに関係することを完全に理解させるために，**図4-1-7**のような2つの振り子を見せて考えさせるのもよいでしょう．トイレットペーパーの芯を用いて，片方の振り子はトイレットペーパーの芯の下部に鉄球を設置し，もう片方の振り子は芯の上部に鉄球を設置します．一見，どちらも同じ振り子に見えますが，最初は同じように振れていた振り子が往復するにつれてだんだんとずれていきます．それは，芯の下部に鉄球を設

置した振り子(**図4-1-7**(**a**))は，糸の長さが若干長くなった分，周期が長くなり，一方で芯の上部に鉄球を設置した振り子(**図4-1-7**(**b**))は，糸の長さが若干短くなった分，周期が短くなるからです．このようにトイレットペーパーで隠されている鉄球の位置の違い(振り子の重心の位置の違い)で，1往復する時間(周期)も違ってきます．そのからくりを見事に見破ってしまう児童もいて盛り上がる授業となります．

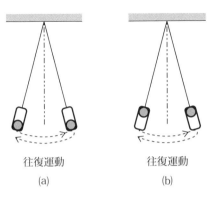

図4-1-7　おもりの重心の位置と周期

なお，このことはブランコ遊びで，ブランコを立ってこいだときの方が，座ってこいだときに比べて周期が短いことにもつながります．立ってこいだときは，座ってこいだときに比べ重心が上に移動しますので，**図4-1-7**(**b**)と同様，糸の長さが若干短くなったことと同じことになります．一方で，体重差のある大人と子どもでも，ブランコに座ったままこげば，重心の位置は大人も子どもほぼ変わらず糸の長さは同じですので，ブランコの周期はほぼ同じになります．

4.2　等加速度運動

物体に力が加わると速さが変化し，斜面を下る運動や自由落下運動などのように一定の大きさの重力が物体にはたらき続けると，速さが

第4章 ものの運動

しだいに大きくなっていく等加速度運動をします．

斜面を下る運動では，**図 4-2-1** のような斜面上に力学台車を置き，その力学台車を斜面方向上向きにばねばかりで引いて斜面方向下向きにはたらく力の大きさを測定します．摩擦等があり実測値とはやや異なりますが，質量 m〔kg〕，重力加速度 g〔m/秒^2〕，斜面の傾きを θ とすると，理論上では重力の斜面に平行な分力の大きさは $mg \sin\theta$〔N〕になります．斜面の傾き θ が 30°であれば，$mg \sin 30°$ N $= 1/2\ mg$〔N〕，斜面の傾き θ が 90°であれば，$mg \sin 90°$ N $= mg$〔N〕となり，自由落下運動の重力の大きさになります．

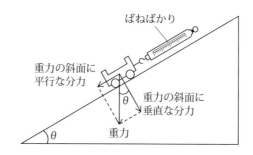

図 4-2-1　重力の斜面に平行な分力の測定

力学台車が斜面を下る運動を調べる実験では，力学台車に記録タイマーを通したテープを貼りつけて，台車を斜面にそって下る運動をさせて，そのテープの打点をもとに分析します（**図 4-2-2**）．

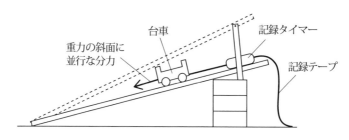

図 4-2-2　斜面を下る台車の運動

4.2 等加速度運動

　中学 3 年の生徒は，交流は大きさと向きが周期的に変わる電流であることは，中学 2 年の単元「直流と交流」で学習済みです．東日本ではドイツ製の発電機の導入により 50 Hz（1 秒間にプラスとマイナスが定期的に 50 回入れ替わる）の交流が，西日本では，アメリカ製の発電機の導入により 60 Hz（1 秒間にプラスとマイナスが定期的に 60 回入れ替わる）の交流が当時のまま現在も受け継がれています．このため記録タイマーの打点は，東日本では，1/50 秒，すなわち，0.02 秒ごとに打点します．しかし，「0.02 秒間に進んだ距離」の変化では細か過ぎるので「0.1 秒間に進んだ距離」の変化で調べます．東日本では 5 打点分の距離＝ 1/50 秒× 5 打点間＝ 0.1 秒間に進んだ距離（西日本では 6 打点分の距離＝ 1/60 秒× 6 打点間＝ 0.1 秒間に進んだ距離）で処理します．ここで注意すべきことは，「0.1 秒間に進んだ距離」が「速さ」を表していることを理解できていない生徒が多いことです．「1 秒間に進んだ距離」のことを「秒速」と言いますが，「0.1 秒間に進んだ距離」も「0.1 秒という一定時間当たりに進んだ距離」であるため「速さ」を表しています．このことを生徒にしっかりと理解させておかないと，せっかく斜面がゆるやかな場合（**図 4-2-3**(a)）と急な場合（**図 4-2-3**(b)）の 2 本の記録テープを「0.1 秒間に進んだ距離」ごとに切って紙に貼りつけてグラフを描かせても，生徒は力学台車が時間に比例して速さが速くなっていく等加速度運動をしていることが理解できなくなってしまいます[1]．**図 4-2-3**(b)は，**図 4-2-3**(a)よりもグラフの傾きが大きいことから，斜面が急なほど，加速度が大きくなることがわかります．

　紙にテープを貼りつけていく際の失敗例として，テープの上下が分からなくなってしまい，上下を間違って貼りつけてしまう生徒が少なからずいることです．これを回避するために，「0.1 秒間に進んだ距離」ごとにブロック分けしたテープの下の部分に①，②，③…と番号を書かせてからハサミで切らせると，上下を間違えずに貼ることがで

第 4 章　ものの運動

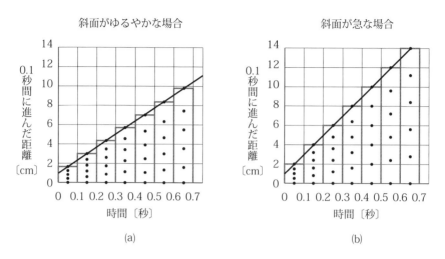

図 4-2-3　ゆるやかな斜面と急な斜面の実験結果[2]

きます[2]．なお，この実験で生徒からの質問が多いものとして，「記録テープのどこを起点にして打点数を数えていけばよいのですか」があります．どうしてもスタートの部分は打点が重なり合って黒くなってしまいがちだからです．対応としては，「重なり合って黒くなった部分は飛ばして，よくわかる打点を起点に数えていけばよいです」と助言してあげましょう．ここで重要なのは，斜面の勾配が急な場合と，ゆるやかな場合とで速さが速くなっていく割合（加速度）が違うことを理解させることにあります[3]．

＜引用文献＞
1) 芝原寛泰・石井俊行・ほか 7 名（2017）：理科教員の実践的指導のための理科実験集，電気書院，218-223．
2) 前掲書 1)
3) 前掲書 1)

4.3 力学的エネルギー保存の法則

中学3年では，位置エネルギーと運動エネルギーの総和が常に一定となる「力学的エネルギー保存の法則」を学習します．現実には，摩擦や空気抵抗の影響で一部のエネルギーは熱エネルギーや音エネルギー等に移り変わり保存されません．しかし，熱エネルギー，光エネルギーや音エネルギーを含めた総エネルギー量で考えれば，「エネルギー保存の法則」が成り立ちます．

一般には，**図 4-3-1** のような鉄球をプラスチックモール等で転がすと，下り坂の場所では位置エネルギーがしだいに減少し，その減少分が運動エネルギーの増加となり，鉄球が最下部の地点に達したときには鉄球の速さは最大（位置エネルギーが0で運動エネルギーが最大）となることを説明します．また，上り坂では運動エネルギーがしだいに減少し，その減少分が位置エネルギーの増加につながっていくことを説明します[1]．

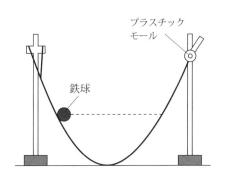

図 4-3-1　最初の高さまで上がる鉄球[2]

このことは，**図 4-3-2** のような糸の長さ 80 cm の振り子を使って，実験をすると生徒はよく理解できます．

おもりを A 地点（最下位の位置から 20 cm）の高さまで引き上げて

第4章 ものの運動

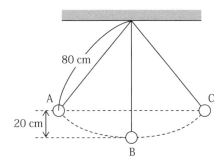

図4-3-2　最初の高さまで上がる振り子のおもり[3]

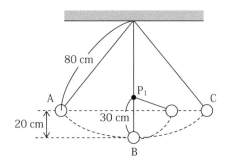

図4-3-3　高さ30cmのP₁で押さえたときの振り子[4]

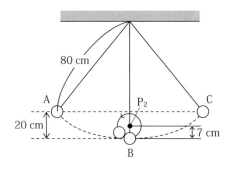

図4-3-4　高さ7cmのP₂で押さえたときの振り子[5]

4.3　力学的エネルギー保存の法則

手を放すと，A 地点と同じ高さである C 地点（最下部の位置からほぼ 20 cm）まで上がっていきます．次に，**図 4-3-3** のように B 地点から上へ 30 cm の地点 P_1 にくいを打ち，A 地点からおもりを離すと，A 地点と同じ高さである 20 cm の高さまでおもりは上がっていきます．さらに，**図 4-3-4** のように，B 地点から上へ 7 cm の地点 P_2 にくいを打ち，A 地点からおもりを離すと，A 地点と同じ高さである 20 cm の高さまで上がろうとします．しかし，くい P_2 にさえぎられるために，それ以上は上には上がれず，くい P_2 を軸に回転してしまいます．これらの実験は，摩擦等があって必ずしも理論どおりの高さまではおもりは上がれませんが，それに近い高さまではおもりは上がれますので，位置エネルギーと運動エネルギーの移り変わりを理解させることができます[6]．

＜引用文献＞

1) 芝原寛泰・石井俊行・ほか 7 名（2017）：理科教員の実践的指導のための理科実験集，電気書院，224-229.
2) 前掲書 1)
3) 前掲書 1)
4) 前掲書 1)
5) 前掲書 1)
6) 前掲書 1)

第5章 光の性質

5.1 凸レンズの性質

 小学3年の「太陽の光」では，図 5-1-1 のように虫眼鏡（凸レンズ）を使って日光を集め，虫眼鏡と紙の距離を変えると明るさや温かさはどのように変わるのかを調べます．その結果，日光を集めたところは明るく温かくなり，1点に集中させると紙が焦げてしまうほど熱くなることを学びます．

図 5-1-1　凸レンズで集めた太陽光

 太陽光のように凸レンズに平行に入ってくる光は，なぜ焦点に向かって曲がるのでしょうか．

 太陽光が凸レンズに入射すると，それぞれの光は凸レンズの形状によって入射する角度が違ってきます．屈折角は入射角よりも小さくなるために，より内側に向かって光は屈折します．そして，凸レンズを出るときに，屈折角は入射角よりも大きくなるために再度内側に屈折します．このように凸レンズ内では光は2度屈折するため，通過後はすべての光が焦点に集まります（図 5-1-2）．光の進み方を作図する際には，2度屈折することにあまり気を留めずに，簡略的に図 5-1-3 のように1回の屈折で作図をするのが一般的です．また，凸レンズではうすいレンズよりも厚いレンズほど屈折率が高くなる（より光が

5.1 凸レンズの性質

内側に屈折する）ために焦点距離が短くなります．

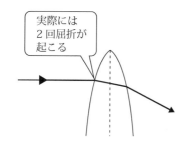

図 5-1-2　凸レンズで2度屈折する光

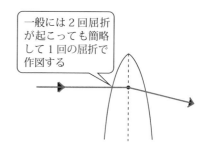

図 5-1-3　凸レンズの屈折の作図

図 5-1-4 のように太陽光のような凸レンズの軸に平行に入ってきた光はすべて凸レンズの焦点に集まります．逆に，**図 5-1-5** のように焦点から放たれた光は凸レンズを通過後は，凸レンズの軸に平行に進んでいきます．

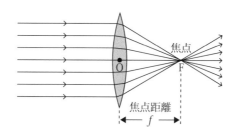

図 5-1-4　凸レンズで焦点に集まる平行光

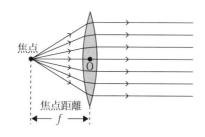

図 5-1-5　凸レンズを用いてつくる平行光

第 5 章　光の性質

　太陽光のように平行光を生み出すためにつくられた光源装置は，光の学習には欠かせません．光源装置は 1 個の電球がレンズの焦点の位置に置かれ，そこから放たれた光はレンズを通過後，レンズの軸に平行に進むようにつくられています．光源装置に 3 本のスリット（3 本の穴の開いた板）を取りつければ，3 本の光が平行に進んでいくのがわかります．

5.2　フェルマーの原理

　自然界は「エネルギーが最小値になる」ようにふるまう傾向にあります．光も同様でまるで生き物のように，エネルギーが最小値になるよう，到達地点に早く到達できるような経路を選択しながら進んでいきます．この話を最初に聞いた私は深く感動したものでした．このことをフェルマーが数学で証明したために，「フェルマーの原理」と名づけられました．

　「フェルマーの原理」を教えることで，中学生は光がどちらの方向に屈折して進むのかを理解できるようになるのではないかと考え，調査を行いました．調査の結果，「フェルマーの原理」を説明された生徒は，説明されなかった生徒に比べ，光が屈折して進む方向の理解が向上することが明らかになりました[1]．以下にその調査で使用した比喩について説明します．

　図 5-2-1 のように海岸線を隔て，上側が陸地で下側が海だと仮定します．海中の地点 B で溺れている人がいたとします．地点 A にいるレスキュー隊員は一刻も早く溺れている人を救出しなければなりません．では，レスキュー隊員はどの経路で進めば，溺れている人に一刻も早く到達できるのでしょうか．

　その一つの条件として，陸を走る方が海を泳ぐよりも早く進むことができるということです．**図 5-2-1** の経路①のようにレスキュー隊

5.2 フェルマーの原理

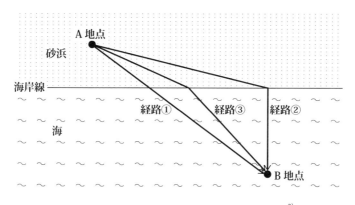

図 5-2-1　光が最短時間の経路をたどる比喩[2]

の位置と溺れている人とを直線で結んだ経路が一番早いとは言えません．この経路だと，海を泳ぐ距離が意外に長いからです．だからといって，**図 5-2-1** の経路②のように海を泳ぐ距離を最短とする経路が一番早いとも言えません．このため，**図 5-2-1** の経路③のように陸を走る距離もほどほどに長く，海を泳ぐ距離もほどほどに短いのが一番早く到達できると直感で生徒もわかると思います．つまり，陸を走る速さの方が海を泳ぐ速さよりも速いために，ほどよい箇所(海岸線)で曲がった経路をとる方が溺れた人に早く到達できることになります．このように，光も同様で，違う媒質に入ると速度が遅くなるために，早く到達できるような経路を進むことになります．なお，光の速さですが，空気中では約 30 万 km/秒ですが，水中では約 22.5 万 km/秒と，空気中に比べ水中ではかなり遅くなります．次節で半円ガラスの屈折について説明しますが，ガラス中ではさらに遅くなり，約 20 万 km/秒となります[3]．

＜引用文献＞

1) 石井俊行・橋本美彦 (2012)：中学生に"フェルマーの原理"を学習させることの有効性に関する研究, 理科教育学研究, 日本理科教育学会, 52(3), 1-10.

第 5 章　光の性質

2)　前掲書 1)
3)　前掲書 1)

5.3　光が屈折する理由

前節 5.2 のように，生き物のように到達地点に早く到達できるような経路を選択しながら進む光ですが，そもそも光は水やガラスなどの媒質の違う場所へ斜めから入射するとなぜ「屈折」するのでしょうか．

それは，先ほど説明しましたように，水中やガラス中での光の速度は空気中に比べて速さが減速することに関係しています．光の「屈折」が起こるしくみを理解するために，ここでも「フェルマーの原理」と同様に比喩で考えてみたいと思います．

図 5-3-1(a)のように棒で連結された二つの車輪があり，この二つの車輪で転がりやすい舗装道路から転がりづらい砂地に斜めに入っていくとします．すると，右側の車輪が先に砂地に到達して砂地に入りますので右側の車輪の速度は落ちます．しかし，左側の車輪はまだ舗装道路上にあるために速度は落ちません．このためやや遅い右の車輪は

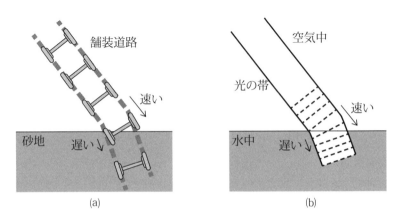

図 5-3-1　光が媒質が変わると屈折する理由の比喩[1]

軸のように振る舞い左の車輪は大きく進むために，結果的には棒で連結された二つの車輪の進行方向は右に曲がることになります．これと同様に図 5-3-1(b)のような幅のある帯状の光があり，この光が空気中から水中に斜めに入射する場合を考えてみます．右側の光が先に水に到達しますので右側の光の速度は落ちます．しかし，左側の光はまだ空気中にあるために速度は落ちません．このため左右の光の速度に差が生じ，光は右に曲がることになり，「屈折」という現象が起こります[2]．

<引用文献>
1) 吉田直紀 (2023):「やさしくわかる！文系のための東大の先生が教える光の不思議」，ニュートンプレス，19-24.
2) 前掲書 1)

5.4 半円ガラスを用いた屈折実験

図 5-4-1 のように半円ガラスを 2 つ合わせると円になります．円の場合は円の中心に向かって進む光は，弧に垂直に入射するために屈折せず，そのまま中心に向かって直進していきます．そして，中心を通り抜けた光はそのまま直進し，ガラスを出るときにも弧に垂直に入射するために屈折せず，そのままガラスを通りぬけていきます．つまり，光は半円ガラスの弧から中心に向かって進む場合や半円ガラスの中心から弧に向かって出ていく場合は，光は屈折せずに直進していきます．しかし，半円ガラスの平面部分では入射角の違いにより屈折の現象が様々に起こります．

この性質を利用して，光が空気中からガラス中に進むときは図 5-4-2 のように設置し，光がガラス中から空気中に進むときは図 5-4-3 のように設置して実験を行います．なぜ半円ガラスをそのように使い分けるのかがわかっていない生徒がいますので，以下のことを生徒にしっかりと理解させていきましょう．

第 5 章 光の性質

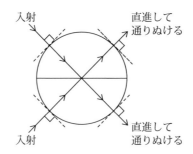

図 5-4-1　入射し屈折せずに透過する光

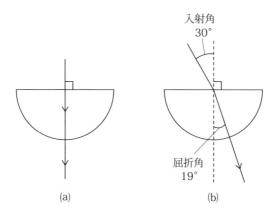

図 5-4-2　光が空気中からガラス中に進むとき

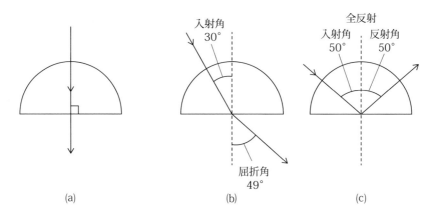

図 5-4-3　光がガラス中から空気中に進むとき

5.4.1 光が空気中からガラス中に進むとき

　空気中からガラス中に進むときは，半円ガラスに対して入射角が0°のときは，**図 5-4-2 (a)** のように平面に垂直に入射するので，屈折せずに中心に向かってガラス内を直進します．そして，ガラスを出るときはガラスの弧に垂直に入射するため，屈折せずにガラスを通り抜けていきます．

　一方，平面に対して入射角30°で入射すると，**図 5-4-2 (b)** のように半円ガラスの中心では，入射角30°に比べて屈折角19°と屈折角は入射角に比べて小さくなって屈折します．そして，その後はガラス内を直進して弧に垂直に入射するために，屈折せずにガラスを通り抜けていきます．

5.4.2 光がガラス中から空気中に進むとき

　ガラス中から空気中に進むときは，**図 5-4-3 (a)** のように半円ガラスに対して入射角が0°のときは，弧に垂直に入射するので屈折せずに中心に向かってガラス内を直進します．そして，ガラスを出るときはガラスの平面に垂直に入射するため，屈折せずにガラスを通り抜けていきます．

　一方，入射角30°で入射すると，**図 5-4-3 (b)** のように弧に垂直に入射するので屈折はせず，中心に向かってガラス内を直進していきます．そして，ガラスを出るときはガラスの平面に対して30°で入射するために屈折角は49°と，屈折角は入射角に比べて大きくなって屈折します．入射角をさらに大きくすると，それに伴って屈折角も大きくなり，屈折角が90°に達すると，もはや屈折の現象は起こらず，光のすべてが反射してしまう全反射が起こります．**図 5-4-3 (c)** は，入射角50°のときに全反射が起きているときの様子を示したものです．全反射が起きると，一旦ガラス内に入った光は，ガラスの外には出られなくなります．この性質を利用して光ファイバーはつくら

れ，ファイバー内に入った光は，たとえファイバーを少し曲げたとしても外には出られず，反射を繰り返しながらファイバーの終点まで進んでいくことになります．

以上のように，「光が空気中からガラス中に進むとき」と「光がガラス中から空気中に進むとき」では，半円ガラスの使い方に違いがあります．このことをしっかりと生徒に説明し，実験を行わせていきましょう．

5.5　浮かび上がって見えるコイン

日常生活で屈折の現象を間近に感じる事例の1つに，お箸などを水中に入れるとお箸が折れ曲がって見える現象があります．以下に光の屈折の現象を，児童・生徒が興味をもって取り組める実験をご紹介します．

お茶碗の底にコインを置きます．最初は見えなかったコインが，お茶碗に水を注ぐことでコインが浮かび上がって見えるようになります．その理由は，**図 5-5-1**(a)のように，コインからの光は水を注ぐ前は直進しますので，コインからの光は直接目には届きません．しかし，お茶碗に水を注ぐと，**図 5-5-1**(b)のようにコインからの光は水面で屈折するために光が目に届き，コインが浮かび上がって見えるようになるからです．

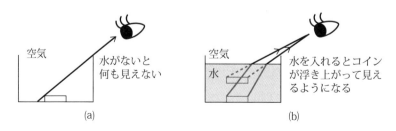

図 5-5-1　水を注ぐと見えるようになるコイン

この実験を行っても，コインが浮かび上がって見えるのが確認できない児童・生徒が必ずいます．それは児童・生徒は背の高さの違いから目の位置がマチマチで，のぞきこむ位置が定まらないからです．この実験を成功させるには，トイレットペーパーやアルミニウム箔等の芯を三脚等で固定し，そこからのぞかせるようにすると成功します．その他の方法としては，ビデオカメラを三脚等で固定し，その映像を大型TVモニターに映し出す方法があります．この方法は，教師がお茶碗に水を注ぐことで，見えなかったコインが浮かび上がって見えるようになる現象を，全員がリアルタイムで共有することができます．また，録画しておけば何度も再生することが可能となります．さらに，この実験をうまく行うためのもう1つのコツとしましては，お茶碗に注ぐ水の勢いでコインの位置が最初の位置からずれてしまいがちなので，コインが動かないように，あらかじめコインを両面テープ等でお茶碗に固定しておくことです．この実験の様子は以下のサイトでご覧になれます．

5.6　光の反射

　光は強い重力場(たとえばブラックホールなど)の近くを通過する場合は直進せずに曲がることがあります．しかし，それは特殊な場合であり，一般には光は直進します．

　小学3年の「太陽の光」では，鏡で反射させた日光は，まっすぐ進み(直進し)，たとえ鏡の向きを変えても反射光はまっすぐ進む(直進する)ことを学びます．また，日光が当たっていないところに鏡を1枚，2枚，3枚と増やして太陽光を反射させて重ねるように集めると，集めた部分は明るくなり温度も高くなることを実験で確かめます(図5-6-1)．

　光が屈折しようが反射しようが，向かってくる光に対して垂直に鏡

第 5 章　光の性質

図 5-6-1　反射光を一面に集中させた光

を置けば，その反射光はここまでに至った経路と同じ経路をたどって戻っていきます．したがって，中学校教員のときの私は「光は行きも帰りも同じ道」と生徒に教えていました．

5.6.1　反射の法則

5.3 節の光の屈折では，光が通過する環境 (媒質) が異なることで，光の進む速さが違うために起こる現象であることを説明しました．しかし，光の反射では光が通過する環境 (媒質) は同じために光の進む速さは変わらず，**図 5-6-2** のように入射角と反射角は等しくなります．

この入射角と反射角が等しいことを確かめる実験としては，光源装置に 1 本のスリットを取りつけ，その 1 本の光が鏡に当たると，どのように反射するのかを分度器で測り，入射角と反射角が等しいことを見出させます．角度を測定する際には，鏡の法線を基準にそこから

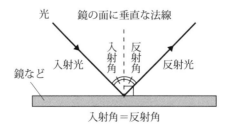

図 5-6-2　反射における入射角と反射角

何度ずれているのかで入射角と反射角を測定します．

図 5-6-3 のように，鏡などに反射した物体は，あたかも鏡の奥の方にその物体があるかのように見えます．すなわち，私達は，普段物体の鏡の奥にある虚像を見て生活しています．

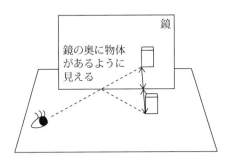

図 5-6-3　鏡の奥に見える虚像

中学理科では，「物体 P からの光が鏡の点 O で反射し，その光が目に届くために物体が見える」と説明する際に，**図 5-6-4** のように鏡を線対称の軸とし，それを挟んで物体 P と対称な位置 P′ に物体の虚像があるものとみなします．また，物体 P からの光が鏡の点 O で反射し，その反射光が目に届くためには，鏡の奥にある虚像 P′ の位置から目に光が届いているものと教え，鏡のどの箇所で光が反射して虚像

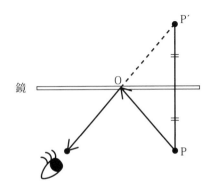

図 5-6-4　鏡で反射する点を見つける作図

第5章　光の性質

P′が目に入ってくるのかを作図して求めさせます．しかし，ここで強引な教え方をしていることに教師は気づくべきです．

5.6.2　反射における作図

　反射における作図の前に，生徒は実験で「入射角＝反射角」という「反射の法則」を学習しています．しかし，教師は，この入射角と反射角が等しいという「反射の法則」には触れずに，生徒に鏡を線対称の軸として，それを挟（はさ）んで物体Pと線対称の位置P′に物体の虚像があるとみなして作図を行わせています．理科は今まで学習した原理や法則に則って，事象を理解させていく教科です．この作図ではそれを行っていません．たとえこの方法で作図を行ったとしても，「反射の法則」が成り立っていることを生徒に説明しておく必要があります．説明することで，生徒はこの作図法でも「反射の法則」が成り立っていることに納得します．

　ただし，ここでも数学と理科との履修時期のずれの問題が生じます．
　「光の反射」の学習は，中学1年理科の学習内容ですが，数学の「対頂角が等しいこと」「二等辺三角形の合同条件」の学習は中学2年数学での学習内容だからです．
　しかし，以下のように生徒に中学数学の内容を先行してでも，「反射の法則」が成り立っていることを簡単に解説しておくとよいでしょう．■印と▲印を用いて，以下のように説明すると親しみやすいと思います．図5-6-5のように，∠アを■印で表すと，対頂角が等しいことから，∠アと∠オが等しくどちらも■印と表せます．また，∠イを▲印で表すとすると，二等辺三角形の性質から，∠イと∠ウは等しくなるので，∠ウも▲印と表すことができます．また，∠アと∠イの和が90°であることから，■印と▲印の和は90°になります．一方，∠ウと∠エの和も90°なので，∠ウが▲印であれば

∠エは■印になることがわかります．したがって，∠エの■印と∠オの■印が等しいという，「反射の法則」が成り立つことがわかります．

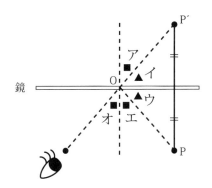

図 5-6-5　反射の法則が成り立つことの証明

5.6.3　虚像が確認できる実験法

　5.6.2 項で説明しましたように，鏡などに反射した物体 P は，あたかも鏡の奥にその物体（虚像）P′ があるかのように見えます．このため，物体からの光が鏡のどこで反射して目に届くのかを見出すために，教師は生徒に虚像 P′ が物体 P から見て鏡を線対称の軸とした対象の位置にあるとみなして作図を行わせています．

　しかし，その位置に本当に虚像があるのでしょうか．生徒は納得しません．それを解決できる方法が見つからなかったので，中学校の教員であったときの私は，生徒に「その場所に虚像があるので，こうやって作図をすれば光が鏡のどの箇所で反射して目に届くのかが求められます」と強引に指導していました．

　大学教員になり，生徒が納得のいく指導法を取り入れた授業に偶然出会う機会を得ました．そして，その授業者（発案者）の先生と一緒に，その方法を論文にまとめました．以下にその指導法について説明します．

第5章 光の性質

　つまようじを中心部に刺した発泡スチロール球AとB球B，ハーフミラー（半分の量の光を反射し，半分の量の光を透過する鏡），及び発泡スチロール製の台を用意します．発泡スチロール製の台に球Aを刺すと球Aからの光がハーフミラーで反射し，球Aの虚像が目に入ってきます．球Aと同等の大きさの球Bをハーフミラー越しにもっていくと，ハーフミラーを通して球Bを見ることができます．
図 5-6-6 は，ハーフミラーで反射した球Aの虚像とハーフミラーを通して見える球Bとが位置も大きさもちょうど重なる位置になるように球Bの位置を見極めて固定しようとしている写真です．そして，球Bの位置を見極めたら，球Bを発泡スチロール製の台に刺して固定します．その後，真上から発泡スチロール製の台を眺めると，
図 5-6-7 のように球Aと球Bがハーフミラーを線対称の軸とした対

図 5-6-6　ハーフミラーを使った虚像の位置を見出す方法

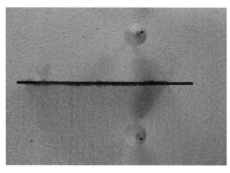

図 5-6-7　真上から見た物体と虚像の位置

称の位置にあることが確認できます[1]．

この実験の様子を以下のサイトでご覧になれます．

以上のように，ハーフミラーを使用した実験を行うことで，その位置に虚像があることを，生徒に納得させられる指導が可能となります．

<引用文献>

1) 石井俊行・髙井成泰・森本弘一（2018）：物体と平面鏡に映る虚像の位置関係を捉えさせる教具の開発〜ハーフミラーを導入した光の反射実験〜，物理教育，日本物理教育学会，66(2)，87-92．

5.7　凸レンズがつくる像

平成元年版，平成10年版中学校理科学習指導要領に，「凸レンズと物体，像の位置や大きさについての規則性を調べる際，作図を行うことも考えられるが，あくまでも観察，実験を行う際の補助的な手段として用いること」と記されています．

光の作図を補助的に行うだけで，生徒は「凸レンズを通過した光がつくる像」について理解することができるのでしょうか．

このことを確かめるために，凸レンズを通過した光がつくる像の作図とその理解の関係について調査を行いました．調査の結果，「凸レンズを通過した光がつくる像」の問題を解決するには，光に関する基礎的なことを十分に理解していることが必要なことが明らかになり，また作図を完成させるには，凸レンズを通過した光がつくる像を正確にイメージできなければならず，そのためにも，作図の指導を授業で積極的に取り入れていく必要があることが明らかになりました[1]．

物体から凸レンズまでの距離を a，凸レンズからスクリーンまでの距離を b，凸レンズの焦点距離を f とすると，これらの間には，

第5章　光の性質

「$1/a + 1/b = 1/f$」の関係式が成り立ちます．しかし，この関係式は中学校ではほとんど扱われません．

授業では**図 5-7-1** のように物体から凸レンズまでの距離を a，凸レンズからスクリーンまでの距離を b として，物体の像がスクリーンに鮮明に映し出された際の a と b の値を記録し，そのときの像の大きさが物体の大きさに比べて大きいか，小さいか，あるいは等しいかも調べます．

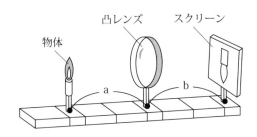

図 5-7-1　凸レンズを使った物体と像の位置

実験の結果，a の大きさが凸レンズの焦点距離 f の 2 倍より大きいときは，像の大きさは物体の大きさに比べて小さく，a の大きさが焦点距離 f よりも大きく焦点距離 f の 2 倍よりも小さいときには，像の大きさは物体の大きさに比べて大きくなることがわかります．特に，a が焦点距離の 2 倍 ($a = 2f$) のとき，b も焦点距離の 2 倍 ($b = 2f$) となり，物体と像の大きさは等しくなります．

しかし，a の大きさが焦点距離 f よりも小さいときには像はできません．しかし，スクリーン側から凸レンズを通して物体を見ると，物体が大きく見えます（正立した虚像として）．これが，私たちが普段虫眼鏡を用いて物体を拡大して見ている状況となります．

この光の学習は中学 1 年理科の内容ですが，中学 3 年数学の相似の内容にも少し触れることで，生徒の理解はさらに深まります．

図 5-7-2 のように△ OAB と△ OCD とは相似の関係にあります．

5.7 凸レンズがつくる像

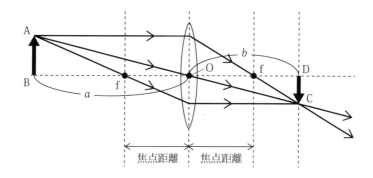

図 5-7-2　凸レンズがつくる像の作図

理由はどちらも直角三角形であり，対頂角も等しいために残る角度も等しくなってすべての角度が等しくなるからです．特に $a = 2f$ のとき，$b = 2f$ となり，△OAB と△OCD は合同となり，物体の大きさと像の大きさは等しくなります．

　このように，どうしても数学の学習内容にふれる時間をあえて理科の授業中に確保しなければならないのが現状です．中学 3 年数学の三角形の相似の学習後に，「凸レンズがつくる像」の学習を振り返らせることで，「凸レンズがつくる像」の理解がさらに深まると考えます．このような指導は，平成 29 年告示の学習指導要領にも記されている，「カリキュラム・マネジメント」の取り組みとなります．

<引用文献>

1) 石井俊行・橋本美彦（2001）：凸レンズを通過した光が作る像の理解に関する研究〜作図を完成する能力の影響について〜，理科教育学研究，日本理科教育学会，41(3), 41-48.

第6章 音の性質

6.1 物体の振動と音

小学3年「音」では，太鼓をたたいたり，ギターを弾いたりすると，物体が振動するために音が発生します．また，振動しているギターの弦などを指でつまんで振動を止めてしまうと，音は聞こえなくなることも学習します．

また，**図 6-1-1** のような紙コップ同士をたこ糸でつないだ糸電話を作成し，片方の紙コップで声を発すると，もう片方の紙コップでその声が聞けることも実験で確かめます．紙コップに声が聞こえるのは，音の波が空気，紙コップの底，たこ糸，紙コップの底，空気の順に伝わっていくためです．糸電話のたこ糸の代わりにゴム糸を使用すると声はほとんど聞こえませんが，針金を使用すると逆に声が聞きやすくなります．これは金属のようなかたいものほど振動したときの復元力があり，音の波を伝えやすいからです．

話をしているときは糸は振動している

図 6-1-1 糸電話と糸の振動

中学1年「音」では，モノコード(1本の弦だけを張った琴)を使い，大きい音を出すには，弦を強く弾くこと，一方，高い音を出すには，弦の張りを強くする，弦を短くする，細い弦を使用することを実験で確かめます．また，オシロスコープを用いて音の波形も見ます．高い音になると振動数(波の数)が多くなり，低い音になると振動数

6.1　物体の振動と音

（波の数）が少なくなります（**図 6-1-2**）．一方，大きい音になると振幅が大きくなり，小さい音になると振幅が小さくなります（**図 6-1-3**）．

　物体が 1 秒間に振動する回数を振動数といい，単位はヘルツ〔Hz〕を用います．さらに，**図 6-1-4** のような装置を組み立て，ベルを鳴らしながら真空ポンプで容器内の空気をぬいていくと，音を伝える空気が徐々に少なくなってベルの音はだんだんと小さくなり，やがて聞こえなくなります．

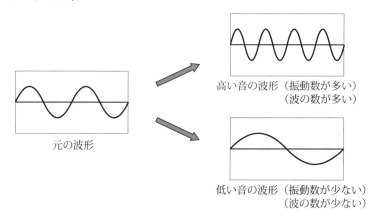

図 6-1-2　高い音と低い音の波形

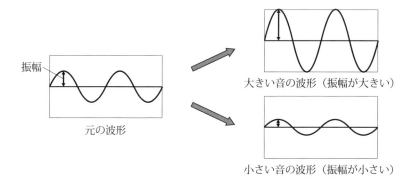

図 6-1-3　大きい音と小さい音の波形

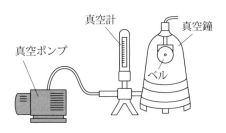

図 6-1-4　空気の量と真空鐘の音量

6.2　音の速さ

　音の速さは空気中を約 340 m/秒で伝わりますが，光の速さは非常に速く，空気中を約 30 万 km/秒の速さで伝わります．花火や雷の稲妻は，光と音を同時に発します．光の速さは音の速さに比べて非常に速いため，光を発したときと目に光が到達したときは同時刻とみなすことができます．このため，光が目に到達した時刻を基準に音が何秒遅れて我々に到達するかで，花火や雷までのおよその距離を知ることができます．たとえば，雷の稲妻が見えてから 3 秒後に「ゴロゴロ」という音が聞こえれば，雷までのおよその距離は，

　　340 m/秒 × 3 秒 = 1020 m

と求めることができます．

　これとは逆に，教師があらかじめ花火の打ち上げを動画に撮っておくと，音の速さを求めるときのよい教材になります．その動画を流して，花火の打ち上げの場所から撮影者（教師）までの距離を生徒に与えれば，およその音の速さを計算することができるからです．たとえば，**図 6-2-1** のように花火の打ち上げの場所から 1700 m 離れた場所

6.2 音の速さ

から花火を撮影したとすると，花火の光が見えてから遅れて5秒後に雷の音が聞こえたならば，音の速さは，

$$1700 \text{ m} \div 5 \text{ 秒} = 340 \text{ m/秒}$$

と求めることができます．

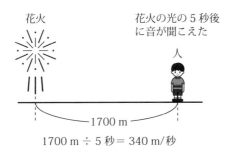

図 6-2-1　花火を用いた音の速さの測定

第7章 電流のはたらき

7.1 小学校での電気学習の内容

　小学3年では，乾電池，豆電球，導線を使って，これらをどのようにつないで回路をつくると，豆電球が点灯するのかを調べます（**図 7-1-1**）．そして，この豆電球が点灯する回路をもとにテスターの役目をさせて，鉄，銅，アルミニウムなどの金属は電気を通し（導体），紙，木，プラスチックなどは電気を通さない（不導体）ことも学習します．**図 7-1-2** は，同じスプーンでも，鉄でできたスプーンは電気を通しますが，プラスチックでできたスプーンは電気を通さないことを示しています．

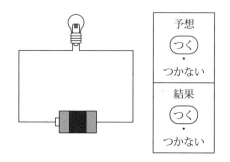

図 7-1-1　乾電池の接続場所と点灯の有無のワークシート

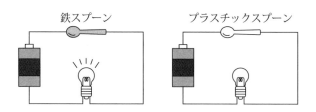

図 7-1-2　スプーンの材質と点灯の有無

これらの知識を基礎に小学4年では，乾電池の向きを変えると回路を流れる電流の向きも変わるために，モーターの回転の向きも変わることを学習します（**図 7-1-3**）．電流の向きが変わったかどうかを調べるには検流計を用います．**図 7-1-3**(a)では，検流計の針が左に振れていることから検流計の部分を電流が右から左に向かって流れていることがわかります．同様に**図 7-1-3**(b)では検流計の針が右に振れていることから，検流計の部分を電流が左から右に向かって流れていることがわかります．

　また，小学4年では，2個の乾電池を直列つなぎにしたときと並列つなぎにしたときでは，回路に流れる電流の大きさが変わり，モーターの回転速度や豆電球の明るさが変わることも学習します．

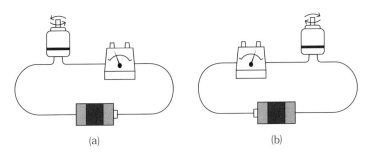

図 7-1-3　電流の向きと検流計・モーターの回転の向き

7.2　水流モデルと電圧概念の導入

　乾電池2個の直列つなぎでは豆電球は乾電池1個のときよりも明るく点灯します．しかし，乾電池2個の並列つなぎでは，乾電池1個のときと明るさは変わりません．なぜなのでしょうか．

　このことをうまく小学4年の児童に教えるために，一般には小学校では教えない「電圧」をわかりやすく導入すれば理解が深まるので

はないかと考えました．その指導法は一言で言えば，児童に電気の流れを水の流れにたとえ，電圧は水面の高さのようなものだと強調し，そのイメージをもたせるために，「乾電池の直列つなぎは，乾電池を縦に積み上げること」，「乾電池の並列つなぎは，乾電池を横に並べること」と，実際に水流モデルを見せながら児童に説明をしていくといった，新たに開発した指導法です[1]．

当該指導を実施したクラスの児童と実施しなかったクラスの児童間で，「豆電球の明るさと乾電池のつなぎ方」に関する理解に差が生じるかを調べました．調査の結果，当該指導を実施したクラスの児童の方が実施しなかった児童に比べて「豆電球の明るさは乾電池のつなぎ方で違いがあること」についての理解度が直後のテスト，1か月後のテスト，3か月後のフォローアップテストでも高く，電流や乾電池のはたらきの自由記述でも科学的な回答が多いことが明らかになりました[2]．

次節で，その指導理論について説明します．

<引用文献>

1) 石井俊行・八朝陸・伊東明彦（2016）：小学校理科に電圧概念を導入することの効果〜電気学習の新たな試み〜，科学教育研究，日本科学教育学会，40(2)，222-233．
2) 前掲書1)

7.3　理解を深める電圧概念の指導理論

回路を水路にたとえた**図7-3-1**のような水流モデルを用いて，「水車の回転数」は「豆電球の明るさ（モーターの回転数）」，「水の流れ」を「電流」，「ポンプで引き上げた水の高さ（落差）」は「電圧」に当たることを教え，加えて「電圧」は「電流を流そうとするはたらきの大きさ」であることを説明します．そして，**図7-3-2**のように，「乾電池の直列つなぎは，乾電池を縦に積み上げること」と説明し，放水

7.3 理解を深める電圧概念の指導理論

する水の高さが高くなると豆電球が明るく点灯する（モーターの回転数が高くなる）ことを確認します．また，**図 7-3-3** のように「乾電池の並列つなぎは，乾電池を横に並べること」と説明し，放水する水の高さは変わらず豆電球の明るさは変わらない（モーターの回転数は変わらない）ことを確認します．

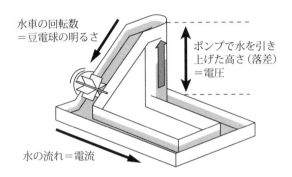

図 7-3-1　水流モデルに喩えた電気回路

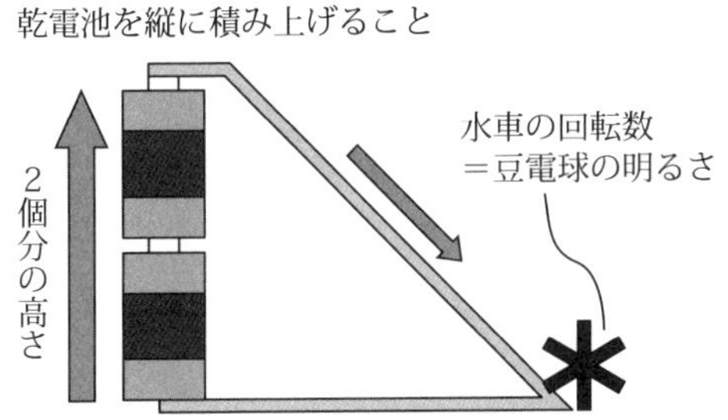

図 7-3-2　乾電池の直列つなぎの水流モデル

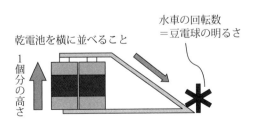

図 7-3-3　乾電池の並列つなぎの水流モデル

第 7 章　電流のはたらき

　実際に水車とポンプとホースを用いて**図 7-3-4** のような装置を作成し，児童に観察させて説明します．つまり，放水する水の高さを乾電池 1 個分（たとえば 12 cm とすると），2 個分（24 cm），3 個分（36 cm）と高くなるにつれて水車の回転数が高くなっていくことを実際に見せながら，黒板に図も掲示して説明します（以下のサイトでその様子が確認できます）．

図 7-3-4　放水する高さと水車の回転数

　ここで説明した水流モデルの理論は，水力発電を思い出していただければすぐに理解できます．水力発電では，高い場所に貯めた水を低い場所にある水車に当て，それにつながっている発電機で発電するという，水がもつ位置エネルギーを利用したものです．

　乾電池の直列つなぎでは，「乾電池を縦に積み上げること」と説明しました．これは乾電池 2 個の直列つなぎであれば，下にあった水をポンプで乾電池 2 個分の高さまで汲み上げたことに相当し，乾電池 1 個のときに比べて高さが 2 倍高くなったことになります．パイプ

7.3 理解を深める電圧概念の指導理論

内は単位時間当たりに一定量の水しか流せませんが，水の位置エネルギーが2倍高くなった分，水は速く落下して水車の回転数は高くなります（豆電球の明るさは乾電池1個のときよりも明るく点灯する）．

一方，乾電池の並列つなぎでは，「乾電池を横に並べること」と説明しました．これは乾電池2個の並列つなぎであれば，下にあった水を2個のポンプで乾電池1個分の高さまで汲み上げたことに相当します．貯まった水が多少多くなってもパイプ内は単位時間当たり一定量の水しか流せませんので，水の位置エネルギーは乾電池1個分の高さからの落下となり，水車の回転数はポンプ1個のときとほぼ変わりません（豆電球の明るさは乾電池1個のときと同じ明るさで点灯する）．

ここで，この乾電池の並列つなぎのモデルに対し，複数のポンプから汲み上げた水をそれぞれのパイプから水車に同時に放水すれば，ポンプ1個のときに比べて水車の回転数は高くなり，モデルとして成立しないのではないかと誤解される方がいます．しかし，前述しましたように，パイプは1つのみで複数ないので，単位時間当たり一定量の水しか流せません．このため，複数のポンプがあっても，水車の回転数はポンプ1個のときと変わりません．したがって，乾電池の並列つなぎのモデルは，乾電池の直列つなぎのモデルと対をなすモデルとして成立します．

次に，実際に児童に班単位で3.8 V用豆電球を用いて，乾電池3個の直列つなぎでは，乾電池2個の直列つなぎのときよりも明るく点灯することを確認させます．

乾電池3個の並列つなぎでは，乾電池1個のときと豆電球の明るさは変わりなく，たとえ乾電池を10個並列つなぎにしても明るさは1個のときと変わらないことを説明します．

一般には小学4年では乾電池3個以上の回路は扱いません．しか

第7章　電流のはたらき

し，電圧概念を小学4年で3個以上についても扱うことで，豆電球は乾電池を直列つなぎにすればするほど明るくなり，乾電池をいくつ並列つなぎにしても，豆電球の明るさは乾電池1個のときと変わらないことを児童は説明できるようになります．

　これらの概念をさらに定着させるために，小学4年のとき**図 7-3-5**のように乾電池1個同士を間違って向かい合わせにつないでしまい豆電球がつかなかったことを思い出させます．このようなつなぎ方は，非常に危険なので，絶対に実験以外では行わないように指導をします．豆電球がつかないことを，先ほどのモデルではどのように考えればよいのかを考えさせます．そして**図 7-3-6**を用いて乾電池が逆向きなので，乾電池1個分高さが高くなっても，もう一方の乾電池で高さが乾電池1個分低くなるので，高さが相殺されて高さがなくなり（乾電池の高さは0個分），豆電球は点灯しないことを説明します．

　このような法則性を学んだ児童は，**図 7-3-7**のような乾電池2個の並列つなぎに乾電池1個を直列につないだ回路でも，乾電池2個の直列つなぎと同じ明るさで豆電球は点灯すると自信をもって答えます．ここまでくれば，電気回路についての苦手意識はかなり消えると思います．

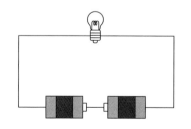
図 7-3-5　向かい合わせの乾電池の回路

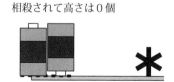
図 7-3-6　向かい合わせの乾電池の水流モデル

7.3 理解を深める電圧概念の指導理論

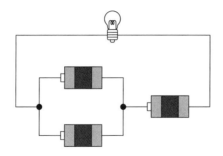

図 7-3-7　乾電池 2 個の並列つなぎに 1 個を直列につないだ回路

ここからは，小学校での実際の授業で行わなければならないものではありませんが，知識として知っておくとよいと思いますのでご紹介いたします．

図 7-3-8 のような乾電池 2 個を直列つなぎにし，そこに乾電池 1 個を逆向きに直列につなぐと，豆電球は点灯するかを尋ねます．意見がいろいろと出たところで，実際に豆電球が点灯するのかを確かめさせます．乾電池ボックスは，そのような逆向きのつなぎ方には対応していませんので，少し乾電池ボックスをずらして接触させます．

すると，児童は豆電球が点灯することにビックリします．これも先ほどのモデルで考えてみると納得がいきます．**図 7-3-9** のように乾電池 2 個の直列つなぎなので，乾電池 2 個分高さが高くなっても，もう片方の乾電池 1 個が逆向きなので，乾電池 1 個分の高さが相殺さ

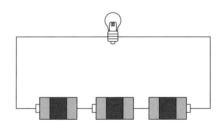

図 7-3-8　乾電池 2 個直列つなぎに 1 個を逆向きにつないだ回路

103

第7章　電流のはたらき

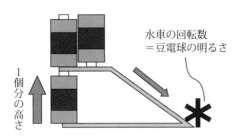

図 7-3-9　乾電池 2 個直列つなぎに 1 個を逆向きにつないだ回路の水流モデル

れ，乾電池 1 個分の高さとなります．このため豆電球は乾電池 1 個分と同じ明るさで点灯することになります．ただし，乾電池内には内部抵抗があって，実際には乾電池 1 個分のときよりもやや暗く点灯しているわけですが，見た目にはほとんどわかりません．繰り返しますが，このようなつなぎ方は，非常に危険なので，実験以外では絶対に行ってはいけないことを再度指導します．

　なお，乾電池の直列つなぎは電圧が大きくなるので，豆電球に流れる電流も大きくなり，豆電球は乾電池 1 個のときに比べて明るく点灯します．このため，児童は豆電球を明るくするために乾電池の直列つなぎは必要なつなぎ方だと素直に認めることができます．しかし，乾電池の並列つなぎは，乾電池 2 個を並列につないでも，豆電球の明るさは乾電池 1 個のときと変わりません．このため児童の中には，何のために乾電池の並列つなぎがあるのかと疑問をもつ児童がいるかもしれません．その児童には，乾電池 2 個の並列つなぎでは電圧は変わりませんが，乾電池の電気の量が 2 倍になるために 2 倍長持ちする回路だと説明するとよいでしょう．このような説明を加えることで，児童は乾電池の直列つなぎと並列つなぎの 2 つのつなぎ方について学習する意味が見出せるようになります．

　余談ですが，LED が多くの家電製品に使用されている現在，依然

として理科実験では豆電球が使われ続けています．豆電球は安価なうえに，電圧を大きくすると明るく点灯し，電圧を小さくすると暗く点灯するため，我々の実験にうまく対応してくれます．しかし，同様のことを LED で行おうとすると，高価なうえに，規定の電圧がないと点灯せず，規格以上の電圧をかけてしまうとすぐに壊れてしまいます．このために依然として，豆電球が小・中学校での電気学習で使われ続けていると思われます．

　理科はイメージが特に重要なので，このような直感的に児童が理解しやすい教授法をどんどん開発していければと思います．また，電圧は中学理科の範囲ですが，このように工夫すれば小学 4 年でも理解させることができます．小学校理科学習指導要領では，小学 4 年の児童には「電圧」は難しいということで扱われません．しかし，この調査では，児童にとって「電圧」の考え方は普段の授業内容と難易度は変わらず，しかも科学的な考え方もできるようになることが明らかになっています[1]．先取りの学習は決して悪いことではありません．小学 4 年の児童にわかるような形で提供することに意味があるのです．きちんと回路に関するイメージをもっていると，中学・高校に進学しても理解が楽になります．間違ったイメージをもってしまうと，それを覆(くつがえ)すのに大変苦労します[2]．正しいイメージを早くからもたせることは，とても重要だと私は考えます．

＜引用文献＞

1) 石井俊行・八朝陸・伊東明彦（2016）：小学校理科に電圧概念を導入することの効果〜電気学習の新たな試み〜，科学教育研究，日本科学教育学会，40 (2)，222-233．
2) Clement, J. (1982)：Students' preconceptions in introductory mechanics, *American Journal of Physics*, 50, 66-71.

7.4　理解を深める電圧概念導入の授業の流れ

　この授業での想定される教師（T）と児童（S）のやり取りを，以下に記します[1]．

これまでの学習を想起させながら
- (T) 電流の流れの通り道のことを何て言うのか覚えていますか．
- (S) 回路です．
- (T) 回路で乾電池を逆につないだら電流の向きはどうなりましたか．
- (S) 逆向きに流れました．
- (T) 乾電池2個を直列につないだ回路では豆電球の明るさはどうなりましたか．
- (S) 明るくなりました．
- (T) そうですね．電流の大きさは検流計でも調べることができました．どうなりましたか．
- (S) 大きくなりました．
- (T) 乾電池2個の並列つなぎでは豆電球の明るさはどうなりましたか．
- (S) 乾電池1個のときと変わらなかったです．

【モデル思考に導く】
- (T) ところで，電流は回路の中を流れているのですが，流れている様子を実際に見ることはできません．皆さんの身近にある，流れるものって何かありますか．
- (S) 川があります．
- (T) そうですね．川の水は流れていますね．その様子を観察するために，こんなものを準備してみました．（ポンプで水を汲んでホースから放水して水車が回るおもちゃを見せる）ポンプで水を汲み上げているからどんどん水が出て，その水の流れで水車が回っていますね．ところで，この水の流れは回路の中の何にたとえられますか．
- (S) 電流です．
- (T) 皆さんはどうですか．このように実際に起きていることをたとえて表したものをモデルと言います．これを使って回路のつなぎ方と電流の大きさを考えてみましょう．水車の回転の速さは豆電球（モーター），

7.4　理解を深める電圧概念導入の授業の流れ

　　　ポンプは乾電池，電流の流れは水の流れに当たりますね．中学校で習うのですが，電流を流そうとするはたらきの大きさのことを「電圧」と言います．実際に起きていることを，モデルを使って何かにたとえるとわかりやすくなります．乾電池2個の直列つなぎだと豆電球が明るくつきますが，このことをこのモデルを使って考えると，どこをどのように変えたことになりますか．
(S)　高さですか．
(T)　皆さんはどうですか．（乾電池2個の直列回路で乾電池2個を縦につなげた図を見せ，演示で豆電球のつき方を実際に見せる）直列つなぎでは高さが2倍高くなりましたね．水車でも高さを2倍高くするとよく回るようになりますかね．では，やってみましょう．（水車モデルを先ほどの2倍の高さから放水してみせる）
(S)　本当だ．速く回ります．
(T)　このように直列つなぎでは，乾電池を縦に積み上げて高さを変えていくという考え方をするとよいことがわかりますね．
(T)　では，このモデルで乾電池3個を直列つなぎにした回路では，水車の回り方はどうなると思いますか．
(S)　すごく速く回るようになると思います．
(T)　先ほどの考え方を用いると，乾電池3個を直列つなぎにした回路では，（乾電池3個を縦につなげた図を見せて）高さが3倍高くなることになりますね．
(T)　水車はよく回るようになりますかね．実際にやってみます．（水車モデルで実際に行ってみせる）
(S)　本当だ．すごく速く回ります．
(T)　そうなると，実際に乾電池3個を直列につないだ回路では豆電球はすごく明るくなりますかね．
(S)　なるなる．絶対なります．
(T)　やってみますね．（演示で実際に乾電池3個を直列につないだ回路の豆電球の明るさを見せる．1.5 V用や2.5 V用豆電球では，フィラメントが耐えられず一瞬点灯し，すぐに消えてしまうので，3.8 V用の豆電球を使用する）．
(S)　やっぱりね．
(T)　では，乾電池の並列つなぎのときは，この水車モデルではどのように考えたらよいでしょうか．

第7章　電流のはたらき

- (S) ……．
- (T) 乾電池2個を並列につなぐと豆電球の明るさはどうなりましたか．
- (S) 乾電池1個分と同じ明るさだったと思います．
- (T) 皆さんもそれでいいですか．（演示で実際にやって見せる）豆電球の明るさは乾電池1個のときと一緒でした．並列つなぎでは，乾電池2個を先ほどのモデルのように考えてみると，どのように乾電池を並べればよいですかね．（考えさせる）
自分の考えをプリントに描いてみましょう．絵や文で書いてもよいですよ．
- (S) あっ．
- (T) 何かひらめいた人がいますか．何となくだけれど，わかった人はいますか．ちょっとお隣の人と気づいたことや考えたこと，わからないことを伝え合ってください．（2分間程度）
- (T) それでは，前に出て来て説明してくれる人はいますか．
- (S) さっきは，直列つなぎだったから乾電池は，こんなふうに上に積み上がって高くして，そこから水を落としたけれど，並列つなぎでは乾電池は，こんなふうに横につなぐから，乾電池を横に並べれば，乾電池1個の高さから水を落としたことと同じになるのではないかと考えました．
- (T) 乾電池を横に並べるということは，乾電池の高さが1個のときと変わらず同じままですね．だから明るさは1個のときと同じなのですね．このモデルでは水を落とす高さは変わらないために，水車の回り方は乾電池1個分のモデルと変わらないことになりますね．よく考えましたね．
- (T) では，乾電池を3個に増やしても，豆電球の明るさは1個のときと変わりませんかね．
- (S) 多分そうだと思います．
- (T) じゃあ，つないでみますね．はい．（演示して見せる）
- (S) やっぱり．
- (T) 乾電池を5個に増やしても，そうですかね．
- (S) 多分そうだと思います．
- (T) やってみますね．（実際に演示で見せて）本当にそうだったね．（モデルと実際の現象のつながりを確認する）
- (T) こうやって目には見えないことも，モデルにすると考えやすくなりま

7.4 理解を深める電圧概念導入の授業の流れ

す．このようなモデルを考えるときには，できるだけ実際に起きていることに合ったものをつくって，考えることが大切なのです．この装置と実際の電流の回路とのつながりはわかりましたか．では，確認しますよ．このモデルの「水の流れ」は，実際の電流の回路でいうと何に当たりますか．
(S) 「電流」です．
(T) では，「水車の回転の速さ」はどうですか．
(S) 「豆電球の明るさ（モーターの回転の速さ）」です．
(T) 「ポンプ」はどうですか．
(S) 「乾電池」です．
(T) 前にも説明しましたが，電流を流そうとするはたらきの大きさのことを「電圧」と言って，単位はV（ボルト）を使います．乾電池1個の電圧は1.5 Vあります．乾電池の横に書いてあると思います．探してみてください．
(S) 先生，横に1.5 Vって書いてあります．
(T) （今までのまとめをする）乾電池の直列つなぎでは，乾電池を上に積み上げていくので高さが高くなり，1.5 V，3 V，4.5 V，…と増えますから，豆電球はだんだんと明るくなります．でも，電圧を高くし過ぎると，多くの電流が一度に流れるので，豆電球のフィラメントが切れて豆電球は二度と点灯しなくなります．また，並列つなぎは横に乾電池を並べていくことなので，高さは変わらず，豆電球の明るさは変わりませんね．
(T) さて，皆さんが回路の学習の初めの頃，2個の乾電池を使って直列つなぎをするとき，逆向きにつないでしまったお友達がいませんでしたか．このようなつなぎ方にすると，豆電球はつきましたか．
(S) 豆電球はつきませんでした．
(T) （演示実験でやって見せる）そうですね．豆電球はつきません．これは非常に危険なので，このようなつなぎ方は実験でしか絶対にしてはいけません．火事になってしまうことがあります．では，どうしてつかなかったのでしょうか．先ほどの高さの考え方で説明できる人はいますか．
(S) 逆向きだから，1個分の高さが高くなっても，もう1個分で低くなるので高さがありません（乾電池0個分）．だから豆電球はつかないと考えればよいと思います．

(T) すごい．よいところに気がつきましたね．そうなのです．逆向きだから，1個分の高さが高くなっても，もう1個で1個分高さが低くなるので高さがない（乾電池0個分）から豆電球はつかないと考えればよいのですね．

(T) 今日の勉強で分かったことを振り返りに書いてみましょう（3分）．発表してくれる人はいますか．（2〜3人に聞いてみる）乾電池の直列つなぎと並列つなぎの違いがわかりましたか．乾電池の高さで考えるとわかりやすいですよね．

〈注〉
1) この教師 (T) と生徒 (S) のやりとりは，国立大学法人奈良国立大学機構奈良教育大学教授粕谷貴志先生の案をもとに作成したものです．

7.5 水流モデルの型

7.3節では電気回路中の電流の流れを水の流れにたとえた「水流モデル」について述べてきました．ここでは乾電池に，2個の抵抗器を直列につないだときと並列につないだときの回路を考えてみます．これらの回路の水流モデルは大きく2つの型に分かれます．1つは，**図 7-5-1** のようなポンプ（電池）部分の標記のない「非循環型水流モデル」です．2010年頃に使われている中学校の理科教科書全社で「非循環型水流モデル」を採用していました．もう1つの型は，**図 7-5-2**

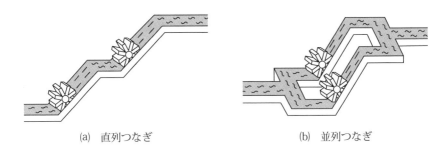

(a) 直列つなぎ　　　　　　(b) 並列つなぎ

図 7-5-1　非循環型水流モデルでの抵抗器の直列つなぎと並列つなぎ[1]

7.5 水流モデルの型

のような高等学校物理基礎の教科書では，当たり前のように用いられているポンプ部分の標記のある「循環型水流モデル」です．この2つのモデルの違いは，ポンプの部分の有無だけです．

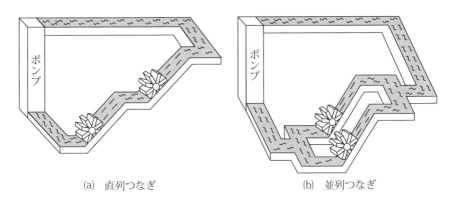

(a) 直列つなぎ　　　　　　(b) 並列つなぎ

図 7-5-2　循環型水流モデルでの抵抗器の直列つなぎと並列つなぎ[2]

中学生にとって「非循環型水流モデル」と「循環型水流モデル」では，どちらのモデルの方が電気回路中の電流の流れを理解しやすいのでしょうか．調査を行った結果，中学生は「循環型水流モデル」で教わった方が「非循環型水流モデル」で教わるよりも理解しやすいことが明らかになりました[3]．

また，中学生は「循環型水流モデル」で教わった方が「非循環型水流モデル」で教わるよりも，回路における電圧の理解が高まり，特に抵抗のない導線部分にかかる電圧が 0 V であることの理解に有効であることが明らかになりました[4]．

したがって，「循環型水流モデル」は，ポンプ部分が付加されていることにより，特に直列回路では，各抵抗部分における落差の和（電圧）がポンプで汲み上げる水の高さ（電源の電圧）に等しいことが理解しやすい構造になっていると言えます．

中学生の中には，教科書に描かれている「非循環型水流モデル」を

第7章 電流のはたらき

見て,「下に到達した水は,海にでも流れていくのだろう」と思っている生徒がいます.したがって,中学2年で初めて電気回路を学習する際には,電流の流れを水の流れにたとえた水流モデルである「循環型水流モデル」を見せて説明していくとよいと考えます.そして,水流モデルのしくみが理解できた後に,「非循環型水流モデル」に移行していけばよいと考えます.

これらの研究が認められたことで,「循環型水流モデル」が現在の中学理科教科書にも掲載されるようになりました.

＜引用文献＞

1) 石井俊行・荒川友希・伊東明彦（2020）：中学生の意識や理解を考慮した電気学習における水流モデルの検討〜非循環型と循環型を比較して〜,学校教育実践ジャーナル,日本学校教育実践学会,3,3-10
2) 前掲書1）
3) 前掲書1）．
4) 石井俊行・内藤拓・伊東明彦（2020）：中学理科における電圧の理解を促進させるための水流モデルの検討〜モデルにおける水の循環の有無に着目して〜,次世代教員養成センター研究紀要,奈良教育大学,6,205-210.

7.6 オームの法則

電流と電圧の関係を表したものに,「オームの法則」があります.「オームの法則」とは,電気を通す物体に電圧をかけたときに,電圧の大きさに比例して電流の大きさも比例して大きくなるというものです.

実際の実験では,10 Ωの抵抗器Aと20 Ωの抵抗器Bを用いて,電圧を0 Vから6 Vまで,1 Vずつ上げていき,そのときの電流値をそれぞれに測定していきます.グラフのx軸にV〔V〕,y軸にI〔mA〕をとり,測定値をプロットしていくと,**図7-6-1**のように,10 Ωの抵抗器Aと20 Ωの抵抗器Bでは傾きは異なりますが,原点を通る直線になることがわかります.傾きをaとすると,$I = aV$と記すことができます.その傾きaの逆数の値を抵抗R〔Ω〕と定義

し，それを数式で表すと $I = V/R$ となり，これを変形することで，$V = RI$ や $R = V/I$ を導くことができます．

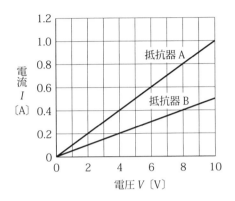

図 7-6-1　抵抗器 A, B の電圧と電流

　常温のうちは，抵抗器の電流の大きさは電圧の大きさに比例して大きくなりますが，高温になってくると，比例せずに次第にずれてきます．極端な例ですが，豆電球を抵抗器として同様の実験を行うと，**図 7-6-2** のように高温になるにつれて両者は比例せずに曲線のグラフになります．このため，抵抗器に電圧をかけて電流が比例して増えていくのはある範囲内のみとなります．それを中学理科では，電圧の大

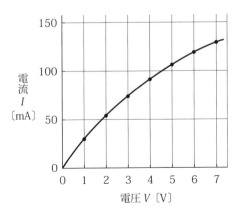

図 7-6-2　豆電球における電圧と電流

きさに比例して電流の大きさも永遠に大きくなっていくと思わせがちです．

「オームの法則」は，あくまでも金属に電圧をかけたとき，電流の大きさが電圧の大きさに比例して大きくなっていくものであり，抵抗 R はそのときどきで抵抗値が変わりますので，$V = RI$，あるいは $R = V/I$ や $I = V/R$ といった数式ではありません．なお，その時点での抵抗値 R〔Ω〕は，その時点での電圧値 V〔V〕をその時点での電流値 I〔A〕で割れば求めることができます．

図 7-6-1 のように電流の大きさは電圧の大きさに比例して大きくなるというある範囲内のみでしか成立しない「オームの法則」を中学2年に学習させる意味としては，グラフを描かせることを生徒に習熟させられること，そして，そのグラフの傾き a を求めさせ，その逆数を抵抗 R〔Ω〕と定義し，抵抗 R〔Ω〕，電圧 V〔V〕，電流 I〔A〕の関係式 $I = V/R$ から具体的な数式である $V = IR$，$R = V/I$ を導き出せることを生徒に確認させられることにあると私は考えます．つまり，科学者が行ってきた量同士の関係性の数式化と理論の構築を中学生に追体験させることができるからです．

7.7 電気抵抗

7.7.1 電気抵抗の考え方

7.6節で説明した $R = V/I$ で求められる抵抗 R ですが，水流モデルでは抵抗 R は水まき用のホースの断面積と長さにたとえるなどして，児童・生徒にイメージをもたせる手法をとるとよいと思います．

たとえば，断面積の小さな細いホースは1秒間当たりに流すことのできる水の量は少ないですが，断面積の大きな太いホースでは水の量は多くなります．このホースに1秒間当たりに流すことのできる

水の量を電流の量にたとえます.

具体的な説明として, ここに真新しい鉛筆の大きさのホースがあるとします. この鉛筆の大きさのホースの抵抗値を仮に1Ωとします. この鉛筆2本を**図 7-7-1**のように直列につなぐと長さが2倍になり, 1本のときよりも水を流すのに2倍流しにくくなります. つまり, 電流が2倍流れにくくなるために抵抗は1Ωの2倍の2Ωとなります. 逆に, 鉛筆を2本並列に束ねれば, **図 7-7-2**のように断面積は2倍となり, 1本のときよりも水を2倍多く流すことができます. つまり, 電流が2倍流れやすくなるために, 抵抗は1Ωの1/2の0.5Ωとなります. さらに鉛筆を4本並列に束ねれば水も4倍多く流れることになり, 抵抗は1Ωの1/4の0.25Ωとなります. このようなイメージを生徒にもたせることで, 抵抗の大きさは, 金属線の長さに比例し, 断面積に反比例することの理解が深められます.

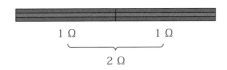

図 7-7-1　1Ωの抵抗2個の直列つなぎ

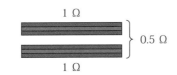

図 7-7-2　1Ωの抵抗2個の並列つなぎ

7.7.2　合成抵抗の求め方

7.7.1項で, 鉛筆の長さと断面積(太さ)を抵抗の大きさにたとえて説明しましたが, この考え方は2個以上の抵抗器を組み合わせた合成抵抗にも当てはまります.

第7章　電流のはたらき

一般に，2つの抵抗器の直列つなぎのときの合成抵抗は，以下の(1)式で求めることができます．

$$R = R_1 + R_2 \cdots (1)$$

たとえば20 Ωと30 Ωのような抵抗値の異なる抵抗器の直列つなぎでの合成抵抗 R は，

$$R = 20 + 30 = 50 \ \Omega$$

と求めることができます．

一方，2つの抵抗器の並列つなぎのときの合成抵抗は，以下の(2)式で求めることができます．

$$\frac{1}{R} = \frac{1}{R_1} + \frac{1}{R_2} \cdots (2)$$

たとえば，20 Ωと30 Ωのような抵抗値の異なる抵抗の並列つなぎでの合成抵抗 R は，

$$\frac{1}{R} = \frac{1}{20} + \frac{1}{30}$$

$$\frac{1}{R} = \frac{3}{60} + \frac{2}{60}$$

$$\frac{1}{R} = \frac{5}{60}$$

$$R = \frac{60}{5}$$

$$R = 12 \ \Omega$$

と求めることができます．

この(2)式をあらかじめ〔積/和〕のように，

$$R = \frac{R_1 \times R_2}{R_1 + R_2} \cdots (3)$$

と変形した形で覚えておけば，2個の抵抗の並列つなぎの合成抵抗の大きさはすぐに求めることができます．

しかし，3つの抵抗の場合は，(3)式は成り立たず，

$$\frac{1}{R} = \frac{1}{R_1} + \frac{1}{R_2} + \frac{1}{R_3} \cdots (4)$$

の式に代入して求めなければならないので，注意が必要です．

7.7.3　ゲーム性を取り入れた合成抵抗の指導法

7.7.2項で，2つの抵抗を直列つなぎにした場合の抵抗値の大きさは，それぞれの抵抗値の和となり，同じ抵抗値の抵抗器を2個並列つなぎにすると，7.7.2項の(2)式のように，合成抵抗の大きさはもとの抵抗値の半分の大きさになります．

中学生がこの合成抵抗についての理解が深められる面白い指導法はつくれないものかと考え，ゲーム性を取り入れた合成抵抗の新たな指導法を開発しました．当該指導を実施したクラスの生徒と実施しなかったクラスの生徒間で合成抵抗の理解に差が生じるのかを調査した結果，当該指導を実施したクラスの生徒の方が実施しなかった生徒に比べて合成抵抗の理解度が高いことが明らかになりました[1]．

以下に，その具体的な指導法について説明します．

10 Ωの抵抗器4個と20 Ωの抵抗器4個を各班に渡して，導線も12本ほど渡します．また，抵抗値の数値がすぐに出るデジタルテス

ターも各班に配布します．

　まずは，抵抗器の直列つなぎと並列つなぎの考え方のコツを生徒に掴ませるために，「10 Ωと20 Ωの抵抗器を直列つなぎにして，それと同じものを並列つなぎにしたら，何Ωの合成抵抗になるのか」を考えさせます．30 Ω同士の抵抗器の並列つなぎとなるので，合成抵抗は30 Ωの半分の15 Ωになることを，計算はもちろん，実際にテスターを使って確かめさせます．ここでの指導は，抵抗器の直列つなぎは，それぞれの抵抗値の和になること，及び同じ抵抗値の抵抗器を並列つなぎにすれば，抵抗値が半分になることを直感的に生徒に理解させることにあります．

　その後，先ほど配布した抵抗器を使って，「12.5 Ωの合成抵抗をつくりなさい」と「22.5 Ωの合成抵抗をつくりなさい」という2つの課題を与えます．

　設計図を紙に描かせ，その後に実際に回路をつくらせて求める抵抗値が出たら挙手させます．この授業は回路ができるまでの時間を班同士で競わせるゲーム性を取り入れたものになっています．ここでの考え方のコツとしては，12.5 Ωの2倍の25 Ωに注目させることです．25 Ωは20 Ωと5 Ωの直列つなぎでつくれ，5 Ωは10 Ω同士を並列つなぎにすればつくれます．そして，それらと同じものを並列つなぎにすれば，25 Ωの半分の12.5 Ωがつくれます（**図 7-7-3**）．

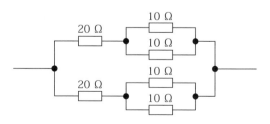

図 7-7-3　合成抵抗 12.5 Ωの抵抗器のつなぎ方

同様に，22.5 Ωの2倍は45 Ωです．45 Ωは20 Ωと20 Ωを直列つなぎで40 Ωにしたものに10 Ω同士を並列つなぎにしてつくった5 Ωを直列つなぎにすればつくれます．そして，それらと同じものを並列つなぎにすれば，45 Ωの半分の22.5 Ωがつくれます（**図7-7-4**）．

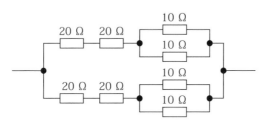

図7-7-4　合成抵抗22.5 Ωの抵抗器のつなぎ方

　合成抵抗の実験では，一般には電源装置で3〜6 V程度の電圧をかけて，2つの抵抗器を直列つなぎにしたときと，並列つなぎにしたときの電圧の値と電流の値をそれぞれ求め，$R〔\Omega〕= V〔V〕/I〔A〕$に代入して，直列つなぎと並列つなぎのそれぞれの合成抵抗の値を求めます．この方法で合成抵抗を求めても，かなりの時間を要します．デジタルテスターを班の数だけ用意できると，このようなゲーム性を取り入れた楽しい授業を展開することができるようになります．

＜引用文献＞

1）石井俊行・栁井孝夫・寺山桂史・中村大輝（2021）：中学生の合成抵抗の学習にゲーム的要素を取り入れることの効果〜理解に影響を及ぼす要因を検討して〜，科学教育研究，日本科学教育学会，45(1), 13-22.

7.7.4　ゲーム性を取り入れた合成抵抗の指導法の流れ[1]

　7.7.3項で紹介した授業における想定される教師（T）と児童（S）のやり取りを，以下に記します．ぜひ試してみてください．

第 7 章　電流のはたらき

(T) 世の中にある物体(物質)の中には，電気を通しやすいものと通しにくいものとがあることを知っていますね．電気を通しやすい物質にはどんなものがありますか．たとえば，小学校のときに，いろいろな物(物体)に，端子をつけて豆電球がつくか，つかないかで調べましたね．

(S) ハサミやピンセットのような鉄やアルミニウム箔は点灯しました．あと10円玉などの硬貨も点灯しました．

(T) そうですね．よく覚えていました．中学2年生ですから，物質で考えてみることにしますね．ここにある器具(テスター)を使って，物質の電気の通りやすさについて考えてみたいと思います．これは電気が通るとピッと音もするので，すぐにわかります．ちょっとピンセットの両端にテスターの端子を当ててみてください．次にノートに当ててみてください．

(S) ピンセットはピーって音がしましたが，ノートは音がしませんでした．

(T) 前の理科の時間に，オームの法則で $10\,\Omega$ と $20\,\Omega$ の抵抗器を使って実験をしましたね．実はこのテスターですが，すぐに $10\,\Omega$, $20\,\Omega$ の抵抗値がわかる器具なのです．皆さんに $10\,\Omega$ と $20\,\Omega$ の2種類の抵抗器を渡しますので，それぞれをテスターで測ってもらえますか．

(S) (生徒は実験を行う)先生，すぐに $10\,\Omega$ と $20\,\Omega$ が出ました．すごい器具ですね．

(T) すごい器具でしょう．電気関係の仕事をしている人たちは，この器具を使って修理などをしています．抵抗器は，いろいろな値のものがつくられて製品化されています．そして，電気製品には，いろいろな値の抵抗器が使われています．でもコストの関係で，何種類かの抵抗器をうまくつなぎ合わせて必要な抵抗値をつくり出すこともあります．それを今から学んでみようと思います．いま，この $10\,\Omega$ と $20\,\Omega$ の2種類の抵抗器を使って，いろいろとつなぎ方を変えて，$10\,\Omega$ と $20\,\Omega$ 以外の抵抗値ができるかを実験で確かめたいと思います．

(S) 先生，そんなに簡単につくれてしまうのですか．

(T) いい質問ですね．皆さんは，豆電球のつなぎ方のとき，どのようなつなぎ方があったかを覚えていますか．

(S) 直列つなぎと並列つなぎがありました．

(T) そうですね．直列つなぎと並列つなぎがありましたね．ここに，$10\,\Omega$ と $20\,\Omega$ の2種類の抵抗器を使って，直列つなぎにしたときと，並列つなぎにしたときに何 Ω の抵抗になるのかを実験で確かめてみましょう．

- (S) （生徒は実験を行う）先生，30 Ωと6.7 Ωになりました．
- (T) そうですね．他の班はどうですか．
- (S) そのようになりました．
- (T) （先生が黒板にその値を書く）次に，10 Ωと10 Ωを直列つなぎ，並列つなぎにしたとき，また20 Ωと20 Ωを直列つなぎ，並列つなぎにしたときとではどのような抵抗値になるのかの実験もしてみましょう．そして，黒板に自分の班の値を書いてみてください．
- (S) （生徒は実験を行い，その合成抵抗を黒板に書く）
- (T) 皆さんがここに書いてくれたように，10 Ωと10 Ωの直列つなぎでは20 Ω，10 Ωと10 Ωの並列つなぎでは5 Ω，20 Ωと20 Ωの直列つなぎでは40 Ω，20 Ωと20 Ωの並列つなぎでは10 Ωになりました．複数の抵抗をつないでできた抵抗を合成抵抗というのですが，どのような関係性があるか気がついたことはありますか．
- (S) 先生，直列つなぎは，足し算した値になって，並列は半分になっているように思います．
- (T) よいところに気がつきましたね．そのような傾向がありそうですね．ちょっと難しいですが，数式を使って説明していきます．（公式を提示して説明をする）直列つなぎは，$R = R_1 + R_2$，並列つなぎは $1/R = 1/R_1 + 1/R_2$ で求めることができます．では，この式に実際に数値を当てはめて計算で求めてみましょう．
- (T) （数値を公式に当てはめて計算をして計算値を書く．この値と測定値とがほぼ同じ値になることを提示する）ここで覚えてほしいのは，電流を水の流れ，抵抗を細いパイプにたとえたとすると，抵抗の直列つなぎは抵抗をつなげることなので，パイプが1個のときよりもさらに長さが長くなるために多くの水を流そうと思っても流すのが大変になりますよね．だから抵抗が大きくなり，それぞれの抵抗値の和になると考えてみてください．逆に，抵抗の並列つなぎの場合は，パイプが2個になってそれぞれに水が分かれて流れるために，多くの水を一度に流すことができますね（電流を2倍多く流すことができるために）．このために，2つの抵抗を並列つなぎにすると，抵抗が小さくなります．また，同じ大きさの抵抗の場合には，抵抗の大きさは半分になります．
- (T) 合成抵抗の計算の仕方はわかりましたか．今から10 Ωと20 Ωの抵抗器をそれぞれ4個ずつ班に配布しますので取りにきてください．
ここでクイズを出します．10 Ωと10 Ωの抵抗器を2つ並列にしたら

第7章　電流のはたらき

　　　半分の 5 Ω になりましたね．では，10 Ω と 20 Ω を直列つなぎにして，それを 2 つつくり，それら 2 つを並列にして回路をつくったら，全体の抵抗値は何 Ω になると思いますか（回路図を見せる）．
(S)　もしかして，15 Ω ですか．
(T)　どうしてそう思いましたか．
(S)　10 Ω と 20 Ω の抵抗を 2 つ直列つなぎにしたら抵抗値は和の 30 Ω となります．その 30 Ω を 1 個の抵抗と考え，その 30 Ω と 30 Ω の並列つなぎなので，抵抗はその半分になるので，15 Ω になると考えました．
(T)　素晴らしいですね．考え方がわかってきたようですね．全班，この回路を実際につくってテスターで測ってみてください．本当に 15 Ω になりますかね．
(S)　（生徒は実験を行う）先生，15 Ω になりました．
(T)　そうですね．15 Ω になりました．このように抵抗のつなぎ方を変えると，いろいろな抵抗の値をつくることができます．
(T)　では，課題を出します．12.5 Ω と 22.5 Ω の抵抗の回路をつくってみてください．
(S)　先生，おもしろいですが，まだ要領がわかっていません．
(T)　直列つなぎは抵抗の大きさはそれぞれの抵抗の大きさの和，同じ大きさの抵抗の並列つなぎの場合には，抵抗はその半分の大きさになります．
(T)　10 Ω と 20 Ω を使って，それらのつなぎ方を変えて，合成抵抗が 12.5 Ω，22.5 Ω となるような回路を，班で話し合ってその紙に書いてから実際につくってみてください．できた班は挙手をして私に知らせてください．
(S)　（生徒は紙に設計図を描き，実際に回路をつくってテスターでその合成抵抗値を測定する）先生，できました．
(S)　先生，私たちの班もできました．
(T)　（挙手した班の回路を見て）素晴らしい．よくできましたね．
(T)　（まだできていない班へのヒントとして）この 12.5 Ω，22.5 Ω を 2 倍にすると，25 Ω と 45 Ω になりますね．これと同じものを並列にすると，12.5 Ω，22.5 Ω になりますよ．25 Ω と 45 Ω をどのようにつくるかを考えてみましょう．
(S)　先生，できました．見てください．
(T)　（挙手した班の回路を見て）よくできましたね．
(T)　他の班はどうですか．できましたか．回路を実際につくってみて抵

値を測ってみてください．そして，1班と2班の代表者の方，その回路図を黒板に描いてください．
- (S) （1班，2班の代表者が回路図を描く）
- (T) そうですね．（教師がこの回路がどうしてそのようになるのかを説明する）皆さん，よくできましたね．

<引用文献>

1) 石井俊行・柳井孝夫・寺山桂史・中村大輝（2021）：中学生の合成抵抗の学習にゲーム的要素を取り入れることの効果〜理解に影響を及ぼす要因を検討して〜，科学教育研究，日本科学教育学会，45(1), 13-22.

7.8 電気エネルギーからのエネルギー変換

7.8.1 電流による発熱

電気ストーブ，コタツ，ドライヤーなどのように，電気エネルギーを熱エネルギーに変換させる電気製品があります．これらの電気製品は，なぜ電流を流すことで熱を発生させられるのでしょうか．

平成20年版小学校理科学習指導要領の6学年には，細い電熱線と太い電熱線ではどちらの方が早くポリエスチレン棒を切断できるのかといった，電熱線の発熱について扱われていました．

この内容は中学2年の理科の内容に匹敵するもので，小学6年の児童には難し過ぎ，なぜ小学理科でこのことを学習しなければならないのか常々疑問でした．この学習内容をうまく児童に教えることのできる授業をつくりたいと考え，教材を開発しました．この教材を使用して説明したクラスの児童と使用しなかったクラスの児童間で，太い電熱線と細い電熱線での発熱に関する理解に差が生じるのかを調査しました．調査の結果，この教材を使用したクラスの児童の方が使用しなかったクラスの児童に比べて，太い電熱線と細い電熱線での発熱に関する理解度が高いことが明らかになりました[1]．

第7章　電流のはたらき

　以下に，その具体的な方法について説明します．なお，平成29年告示の小学校理科学習指導要領では，この内容は難解なためにカットされています．しかし，中学2年では，以前より単元「電流による発熱」で学習しています．この教材は中学2年でも使用できることから，以下に説明します．

　その教材とは，**図 7-8-1**のように太い電熱線は幅の広い板を使用し，細い電熱線は幅の狭い板を使用します．板の長辺部分に壁を設けて，板に等間隔でネジ（原子）を打ちこみます．この板を30°程度傾けて上部に電気の粒（電子）に見立てたビー玉（電子）をためておき，ストッパーを取り除いて上部からビー玉（電子）を落とします．すると，ビー玉（電子）はネジ（原子）にぶつかりながら下部へと転がっていきます．この教材は，電気の粒（電子）が原子（ネジ）にぶつかることで，電熱線が発熱するしくみのイメージを児童にもたせるものです．幅の広い板の方が幅の狭い板よりも，ビー玉（電子）がネジ（原子）にぶつかる頻度が多くなることから，太い電熱線は細い電熱線に比べて，より多くの熱を発熱することが理解できます[2]．この教具はいろいろな研究者や現場の先生方が改善していますので，ネットで検索してみてください．

図 7-8-1　電熱線の太さと発熱量を示すモデル[3]

　蛇足ですが，これらの発熱の発展問題として，**図 7-8-2**のような抵抗値の異なる2つの電熱線を，(a)直列つなぎにした場合と，(b)並列

7.8 電気エネルギーからのエネルギー変換

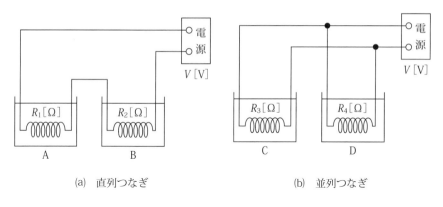

(a) 直列つなぎ (b) 並列つなぎ

図 7-8-2　電熱線の直列つなぎと並列つなぎ

つなぎにした場合とで比較させ，発熱量が多い電熱線を順番に答えさせる問題が高校入試等で出題されることがあります．ある県での教員採用試験にも同様の問題が出題されていました．ちょっと引っかかってしまうような問題の1つとも言えます．

その対策としては，並列つなぎでは電圧が等しいこと，直列つなぎでは電流が等しいことを前提に，時間は共通の1秒間とし，電力量ではなく電力で比べることで，容易に発熱量を比較することができます．

$$電力\ P\,[\mathrm{W}] = I\,[\mathrm{A}] \times V\,[\mathrm{V}] = I^2 R = \frac{V^2}{R}$$

を用いると，直列つなぎでは I^2 が等しいので，電力 $P\,[\mathrm{W}]$ は抵抗 $R\,[\Omega]$ に比例して大きくなり，並列つなぎでは V^2 が等しいので，電力 $P\,[\mathrm{W}]$ は抵抗 $R\,[\Omega]$ に反比例します．これらのことを用いて効率的に問題を解決することができます．

なお，この電力 $P\,[\mathrm{W}]$ に時間 $t\,[秒]$ を掛けることで電流による発熱量 $Q\,[\mathrm{J}]$ を求めることができます．

$$電流による発熱量\ Q\,[\mathrm{J}] = 電力\ P\,[\mathrm{W}] \times 時間\ t\,[秒]$$

<引用文献>

1) 石井俊行・八朝陸（2017）：電熱線の発熱の学習に粒子概念を導入することの効果〜小学生に発熱の仕組みを理解させるために〜，科学教育研究，日本科学教育学会，41(4)，438-448.
2) 前掲書1)
3) 前掲書1)

7.8.2　電気エネルギーから光，音，運動エネルギーへの変換

　小学6年の「発電と電気の利用」では，図 **7-8-3** のような手回し発電機に豆電球を接続することで，豆電球が点灯するかどうかを実験で確かめます．また，モーターに接続すればモーターを回転させることができます．手回し発電機のハンドルをゆっくり時計回りに回せば，豆電球は点灯し，速く回せば豆電球は明るく点灯します．しかし，高速でハンドルを回すと，多量の電流が一度に豆電球に流れてフィラメントが焼き切れ二度と点灯することはありません．できれば 1.5 V 用豆電球ではなく，余裕のある 3.8 V 用以上の豆電球を用いると，フィラメントが焼き切れる確率は少なくなります．

図 7-8-3　手回し発電機に接続した豆電球

　手回し発電機で豆電球を点灯させている際に，みのむし付リード線を回路からはずして回路を切断すると，ハンドルが急に軽くなることが体感できます．つまり，負荷のかかる発電機を我々は何らかの力で回転させることで，電気を発電しています．火力発電では，石炭，天

7.8 電気エネルギーからのエネルギー変換

然ガスなどを燃やして蒸気をつくり，その蒸気でタービンを回して発電しています．原子力発電では，ウランが核分裂する際に発生する熱で蒸気をつくり，その蒸気でタービンを回して発電しています．

面白い実験として，**図 7-8-4** のように2つの手回し発電機をつなげると，片方の手回し発電機のハンドルを回すと，もう片方の手回し発電機のハンドルが回転するのが確かめられます．また，ハンドルを時計回りから反時計回りに変えれば，もう片方のハンドルの回転方向も逆向きになることが確かめられます．

これは皆さんがハンドルを回すという運動エネルギーが発電機により電気エネルギーに換わり，その電気エネルギーが再びハンドルを回すという運動エネルギーに換わるからです．片方のハンドルを回す

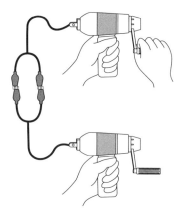

図 7-8-4　手回し発電機同士の接続

と，もう片方の発電機のハンドルが回転するので，一見ギアによって2つの発電機がつながっているのではないかと思えてしまうほどです．

ただし，2つの手回し発電機を力まかせに同時に回転させてはいけません．壊れますので児童・生徒には注意が必要です．ここで注目

第7章　電流のはたらき

すべきことは，ハンドルを1回転させても，もう片方のハンドルは1回転できず，3/4回転程度しか回転できないことです．エネルギーの変換中に摩擦熱等で熱エネルギーとして消費され，結果的にエネルギーが少なくなったからです．

　また，表側に液晶温度計，裏側に電熱線が設けられた「発熱を調べる装置」を手回し発電機に接続して発熱させると，電熱線が熱くなり，電気エネルギーが熱エネルギーに換わったことが確認できます．

　一方，手回し発電機を用いて電気をコンデンサーに蓄える際には注意が必要です．発電機の赤色の導線をコンデンサーの赤色の＋極（プラス）に，発電機の黒色の導線をコンデンサーの黒色の－極（マイナス）に接続し，ハンドルを回す方向を時計回りにしないと，正常に電気が蓄えられず，コンデンサーが壊れてしまうからです．これを避ける別の方法として，乾電池2個を直列つなぎにし，乾電池の＋極（プラス）にはコンデンサーの赤色の導線を，乾電池の－極（マイナス）には黒色の導線を接続して，1分間ほど乾電池から直接充電する方法もあります．1分間経ったら，コンデンサーに電子オルゴールを接続すれば，メロディ音が流れ，電気エネルギーが音エネルギーに換わったことがわかります．また，コンデンサーにモーターを接続すれば，モーターが回転し電気エネルギーが運動エネルギーに換わったことがわかります．

　さらに，コンデンサーにLEDを接続すれば，LEDが点灯し電気エネルギーが光エネルギーに換わったことがわかります（コンデンサーの赤色の導線にはLEDの赤色の＋（プラス）の導線を接続し，コンデンサーの黒色の導線にはLEDの黒色の－（マイナス）の導線を接続しないとLEDは点灯しません）．最後に電力を一番必要とする豆電球に接続して豆電球も点灯することを確認します．小学6年ではエネルギーには触れませんが，児童は「エネルギー」という用語は日常でも使っているので，使用してもよいと思います．

第8章　磁石の性質

8.1　磁力と磁力線

　小学3年「磁石のふしぎ」では，鉄でできた釘や缶などは磁石に引きつけられることを学習し，磁石と鉄の距離が遠くなるほど引きつける力が弱くなることを学習します．また，磁石にはN極とS極があり，N極とS極は引き合いますが，同極同士は退け合うことを実験で確かめます．

　磁石の両端は強い磁力をもっていますが，中心に近づくにつれて磁力は弱まっていきます．このことはゼムクリップを使って実験するとすぐに確かめられます．棒磁石の両端ほど磁力が強いために多くのゼムクリップをもち上げることができますが，中心付近ではほとんどゼムクリップをもち上げることはできません．

　棒磁石の外側の磁力線を調べるには，鉄粉を使うことで簡単に調べることができます．棒磁石を机の上に置き，その上に白い紙をかぶせます．鉄粉の入ったケースの口の部分にガーゼを当て，白い紙に向かって均一に鉄粉を振りかけます．ここで大切なことは，白い紙が途中で動かないように，手で固定しておくことです．そうしないと，ずれてしまってきれいな磁力線の模様は見られません．鉄粉を振りかけた後は，手で紙をおさえたままトントントンと軽く紙をたたくと，**図 8-1-1** のような磁力線が見られます．鉄粉がなくても，スチールウールをもみほぐした小さな鉄粉（粒状の鉄粉とは違い，細かい線状の形をした鉄）を振りかけても，**図 8-1-2** のような模様を観察することができます．簡単で危険ではないので，演示実験ではなく，ぜひ班ごとに実験を行わせてあげましょう．児童・生徒はその模様を見て自

第 8 章　磁石の性質

図 8-1-1　鉄粉での棒磁石の磁力線

図 8-1-2　スチールウールでの棒磁石の磁力線

然の不思議さに興味・関心を抱くと思います．

　図 8-1-3 は，ゴムを練って作製されたゴムの棒磁石のまわりに小さな方位磁針を置いたときの写真です．方位磁針の N 極の指す向きを追っていくと，磁力線は N 極から出て S 極に入りこむような向きに向かっていることがわかります．すなわち，「方位磁針の N 極の指す向き」である「磁界の向き」は，ちょうど「磁力線の接線の向き」になっています．この磁力線は 1 つ 1 つがループ状で，決してお互い

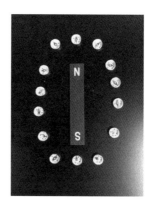

図 8-1-3　棒磁石のまわりに置いた方位磁針

が交わらないことが証明されています．なお，棒磁石等の磁力線は，3次元に存在するので，棒磁石の側面だけでなく，上部と下部にも存在します．

8.2 磁石のまわりの磁界

8.2.1 方位磁針が北を指す理由

小学3年「磁石のふしぎ」では，磁石を糸でつるしたり（**図 8-2-1**），棒磁石を発泡スチロール製の板にのせて水に浮かべたりすると，N極は必ず北の方角を指すことを実験で確かめます．

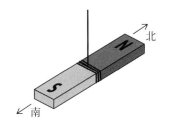

図 8-2-1　糸でつるした棒磁石

他の磁力の影響がなければ，方位磁針のN極は地球上の至るところで北の方角を指します．なぜ地球上の至るところで方位磁針は北の方角を指すのでしょうか．現在の地磁気は，棒磁石の北極がS極で南極がN極にあるようにふるまい，過去には現在とは全く逆向きになっていた時期もありました．

棒磁石の磁力線は8.1節で説明しましたように，棒磁石のN極から出てS極に入るように分布します．このため，方位磁針のN極の指す向きは常に磁力線の接線の向きになります．これを地球上に当てはめれば，**図 8-2-2** のように南極にN極，北極にS極とした棒磁石のようにふるまうため，磁力線はすべて南極（N極）から出て北極（S極）に入るように分布します．各地点での磁界の向き（方位磁針の

第 8 章　磁石の性質

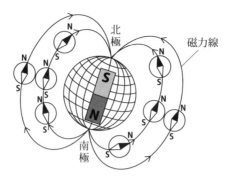

図 8-2-2　地球の磁気と方位磁針

N極の指す向き)は，磁力線の接線の向きとなるので，方位磁針のN極は地球上のどの地点であっても，北極(S極)の方向を指すことになります．

　方位磁針のN極は地球上の至るところで北の方角を指すことは知っていても，なぜ方位磁針のN極が北の方角を常に指すのかを説明できない中学生がいます．それは棒磁石の磁力線による磁界の向きと地球の磁力線による磁界の向きとが結びついていないからです．しっかりと結びつけて理解させていきましょう．

8.2.2　ベクトルを用いた棒磁石のまわりの磁界の説明

　一方で，「方位磁針のN極の指す向きは磁力線の接線の向きになる」と説明されても，場所によって方位磁針N極の指す向きが異なることに納得できない児童・生徒がいるかもしれません．それを説明するには，児童には少し難しくなってしまうのですが，以下のようなベクトルを用いて説明すると，納得してくれるかもしれません．

　図 8-2-3 を見てください．仮に棒磁石のN極の磁力はNと書かれた箇所からしかはたらかず，棒磁石のS極の磁力はSと書かれた箇所からしかはたらかないとします．この双方から，点Pにはどのような力がはたらくのかを考えてみます．点Pに小さな方位磁針を置

8.2 磁石のまわりの磁界

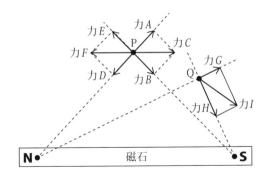

図8-2-3 ベクトルを用いた棒磁石のまわりの磁界

くと，方位磁針のN極は棒磁石のNからは離れようとする力Aがはたらき，棒磁石のSからは引きつけようとする力Bがはたらきます．点PはNとSから等距離にあるので，力Aと力Bは同じ大きさとなり，それらの合力Cは棒磁石に平行に右向きにはたらきますので方位磁針のN極は右を指します．

一方，点Pの方位磁針のS極は，棒磁石のNからは引きつけようとする力Dがはたらき，棒磁石のSからは離れようとする力Eがはたらきます．力Dと力Eは同じ大きさとなり，それらの合力Fは棒磁石に平行に左向きにはたらきますので方位磁針のS極は左を指します．なお力Cと力Fは同じ大きさで逆向きの力です．

同様の考え方で，点Qに小さな方位磁針を置くと，方位磁針のN極は棒磁石のNからは離れようとする力Gがはたらきますが，点Pに比べて距離が長いために磁力は小さくなります（磁力は距離の2乗に反比例する）．また，方位磁針のN極は，棒磁石のSからは引きつけようとする力Hがはたらき，棒磁石のSからの距離が近いために磁力も大きくなります．したがって，これらの合力Iは右斜め下向きにはたらきますので，方位磁針のN極は右斜め下を指します．一方，方位磁針のS極には，力Iと大きさが同じで逆向きの力がはたらきま

第8章 磁石の性質

すので,方位磁針のS極は左斜め上を指します.

このようにベクトルで考えると,方位磁針のN極がどの方向を指すのかがわかり,その場所での磁界の向きが理解できるようになります.

8.3 磁石はどこまで切っても磁石

永久磁石は,原子自体が小さな永久磁石で,それらの原子が磁極の向きに揃ってきれいに並んでいます.隣同士のN極とS極が互いに打ち消し合って,棒磁石の両端のN極とS極のみが表れることになります.

図 8-1-3 の棒磁石のようにゴムを練りこんでつくったゴムの棒磁石が教材として市販されています.ゴムですので,簡単にハサミで切ることができます.ハサミで2つに切断しても,切断部分にN極とS極が新しく表れ,それをさらに2つに切断しても,再びN極とS極が新しく表れる(図 8-3-1)ことが方位磁針を近づけることで確かめられます.

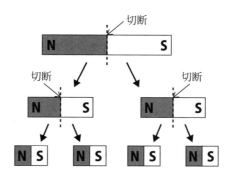

図 8-3-1　棒磁石の切断と磁極

ここまで,棒磁石のN極とS極という磁石の世界について述べてきましたが,磁石の世界でのN極とS極といった「極」と,電気の世界での＋極と－極といった「極」とで,「極」の文字が共通に使

われているために混線してしまう児童がいます．この点に注意しながら指導をしていく必要があります．

8.4　鉄釘の磁化

小学 3 年「磁石のふしぎ」では，磁石に近づけた鉄は磁石になるのかを実験で確かめます．

鉄釘を**図 8-4-1** のように棒磁石の N 極で弧を描くようにこすると，こすり終えた最端の部分が S 極となるように鉄釘が磁化します．逆に棒磁石の S 極で弧を描くようにこすると，こすり終えた最端の部分が N 極となるように鉄釘は磁化します．鉄はもともと強い磁性体ですが，単独では磁力をもつことはできません．しかし，他から磁場をかけられると（磁石でこすったり，接触したりすると），鉄釘の磁気が同じ向きに揃うために，鉄釘は磁石の性質をもつようになります．**図 8-4-2** のように，棒磁石の N 極に 2 つの鉄釘を同時に密着させると，2 つの鉄釘の下方では，ハの字のように離れるようになります．これは棒磁石の N 極に接している側では，2 つの鉄釘は S 極になるために，もう片側の最端は 2 つとも N 極になって互いに反発し合うからです．

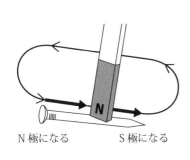

図 8-4-1　鉄釘の磁化

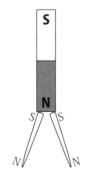

図 8-4-2　反発し合う鉄針

鉄が磁化されたときの極のでき方について，一定の規則性があることに気づかせる興味深い実践があります．それは，**図 8-4-3** のように大きめの鉄針の中心部分に磁力の強い棒磁石の N 極を接触させ，棒磁石を離した後の鉄針はどのような極をもつようになるのかを予想させるものです．予想後には，鉄針の両端と中心に方位磁針を近づけて調べます．すると，鉄針の中心では S 極，両端では N 極になっていることが確かめられます[1]．

この授業を行うことで，児童の思考力が伸ばせるのではないかと私は考えます．大きめの鉄針の替わりに職員室にあるゼムクリップをペンチ等で広げて 1 本の鉄棒にしたものを使用してもよいでしょう．なお，一旦磁化された鉄釘等を**図 8-4-4** のようにハンマーなどで物理的にたたくと，同じ向きに揃（そろ）っていた鉄釘の磁気の向きがバラバラになるため，鉄釘の磁力は弱まることになります．

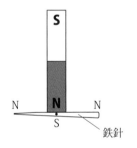

図 8-4-3　鉄針の磁化を調べる実験

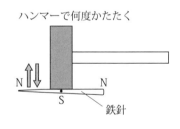

図 8-4-4　磁化した鉄針の弱め方

<引用文献>

1) 小河純（2024）：じしゃくのふしぎ，茨城大学教育学部附属小学校研究紀要，43(1)，48-51．

8.5　電流がつくる磁界

コイルに電流を流すと，コイル内に磁界が発生します．このとき，コイルは棒磁石と同じような性質をもつ電磁石になります．

8.5 電流がつくる磁界

　小学5年「電磁石のはたらき」では，コイルに流れる電流の向きの違いにより，磁極が変わることを方位磁針のN極の指す向きによって確かめます．できた極を調べるには，方位磁針のN極を近づけ，方位磁針のN極が引きつけられればS極，方位磁針のS極が引きつけられればN極ということになります．コイルの両端のうち，どちらがN極なのかを知るには「右手の法則」も使えます．「右手の法則」は，**図 8-5-1** のように右手の指先をコイルに流れる電流の向きにあわせて握らせ，親指の向く方向がN極であるというものです．

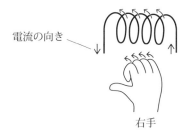

図 8-5-1　右手の法則

　直線の導線に上から下に向かって電流を流すと，「右ねじの法則」にあるように同心円状に磁界ができます．この導線のまわりに方位磁針を置くと，方位磁針のN極は時計まわりの方向を指します（**図 8-5-2**）．（以下のサイトからその様子が確認できます）．

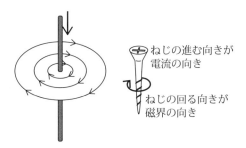

図 8-5-2　右ねじの法則

137

8.6　電磁石
8.6.1　電流がつくる磁界と電磁石

　直線の導線に上から下に向かって電流を流しただけでは，まだ導線は電磁石になっていません．しかし，直線状の導線をコの字あるいは円形状に変形させ，そこに時計回りの方向に電流を流せば，**図 8-6-1** のように中心部分では同方向の磁界が集まって，奥向きがN極，手前がS極となるような電磁石になります．

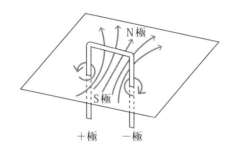

図 8-6-1　コの字型の導線がつくる磁力線

8.6.2　銅線を円形状にすると電磁石になる理由

　1本の導線に電流を流しても電磁石にはならないのに，なぜ導線をコの字あるいは円形状に変形させて電流を流すと電磁石になるのでしょうか．その説明をしっかり行っておくことで，児童・生徒のコイルがつくる磁界の理解がさらに深まると考えます．その説明を以下に記します．

　図 8-6-2 のように円形状にした導線 (以降，これを円形コイルと呼ぶ) を 3 個平行に並べ，すべての導線に時計まわりに電流を流すとします．すると，すべての円形コイルは奥向きがN極，手前がS極となる電磁石になります．このため **図 8-6-1** の円形コイルが1個のときに比べ，**図 8-6-2** のように3個平行に並べたものは，中心部分の磁力

 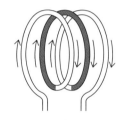

図 8-6-2　円形電流 3 個を平行に並べたもの　　図 8-6-3　3 回巻きしたコイル

の大きさはさらに強くなります．

　一方，**図 8-6-3** のように導線を 3 回巻きしたコイルに電流を流すと，時計回りに 3 回転しながら電流が導線を流れます．この状態は，**図 8-6-2** のように円形コイルを平行に 3 個並べて電流を流したのと同じ状態と言えます．このためにコイルは奥向きに N 極，手前が S 極となるような電磁石になります．

　したがって，コイルの巻き数を増やすことは，平行に並べた円形コイルの数を増やしたことと同じことになるので，電磁石の磁力はさらに強くなります．また，このコイルの中心部分に鉄心を入れると，電磁石の磁力はさらに強まります．これは鉄心を入れることで，鉄心中の小さな磁石の磁界の向きが揃って磁力線の密度が高まり，鉄心自体が 1 つの大きな磁石としてふるまうからです．

　このことを小学 5 年「電磁石」では，**図 8-6-4** のような鉄製のボルトや鉄釘にエナメル線を巻いて，巻き数を 50 回巻と 100 回巻というように巻数を増やしていくと，もち上がるゼムクリップの数はどのように変化するのかを実験で確かめます．実験結果から，巻数が多くなるほどもち上がるゼムクリップの数も増えます．このことから，巻数を多くすると電磁石の磁力が強くなることがわかります．巻数を多くすることは，先ほどの円形コイルの数を増やしたことと同じですので，児童・生徒は納得します．

　また，乾電池を 1 個から 2 個の直列つなぎというように電圧を大

第8章 磁石の性質

図 8-6-4　ニクロム線を巻いた鉄製ボルト

きくして流れる電流の大きさを大きくすると，もち上がるゼムクリップの数はどうなるかの実験も行います．結果は電流の大きさが大きくなるともち上がるゼムクリップの数も増えます．このことから，コイルに流れる電流が大きくなると，電磁石の磁力が強くなることがわかります．

また，**図 8-6-5** のように，永久磁石である棒磁石がつくる磁界の分布と電磁石がつくる磁界の分布を比べると，同じような形をしていることがわかります．

電磁石は永久磁石と違ってコイルに電流を流すのを止めると，電磁

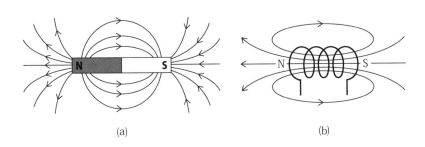

図 8-6-5　棒磁石とコイルがつくる磁力線

石ではなくなってしまうという欠点があります．しかし，この性質を逆手にとり，作業を効率よく行うことができます．

たとえば，スチール缶をつぶした鉄の塊をトラックの荷台にのせる作業では，クレーンに取りつけられた電磁石に電流を流せば鉄の塊をもち上げることができ，電磁石に電流を流すのをやめれば鉄の塊はクレーンから離れ，トラックの荷台に置くことができます．同じことを永久磁石で行おうとしても作業は成り立ちません．

8.7　電流が磁界から受ける力

中学2年では，磁界（磁力がはたらく空間）の中を電流が流れると，導線（コイル）が力を受けることを学習します．高等学校では，この力を「ローレンツ力」として学習します．磁場中（例えばU字型磁石の内側の部分のN極からS極に向かう磁界のある空間）を電流の正体である電子（電子は電流の向きとは逆向きに移動する）が導線中を移動すると，電子は「ローレンツ力」を受けるために導線自体が動くことになります．

このことを確かめる実験としては，一般に**図 8-7-1**のようなブラン

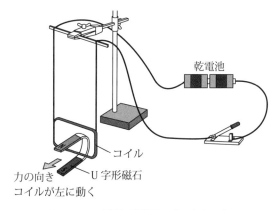

図 8-7-1　導線が磁界から受ける力

コ型のコイルをU字型磁石に挟み，ブランコ型のコイルがどのような条件のときにどの方向に動くのかを確かめます．フレミングの左手の法則を使うならば，中指を電流の向きに，人差し指を磁界の向きに合わせると，親指の指す向きが力を受ける向き（コイルが動く向き）となります（電・磁・力（でんじりょく）と覚えます）．

ブランコ型のコイルが動く方向は，U字型磁石のN極とS極を逆に置けばコイルは逆方向に動き，さらに電流を逆向きに流せばコイルは逆方向に動くことになります．

最後には，モーターのしくみについても触れます．前述のように磁界の中で導線に電流を流すと，導線は決まった向きに力を受け続けます（前述のローレンツ力）．モーターの内部は，回転軸に電磁石が取りつけられ，その周囲には永久磁石が取りつけられています．回転軸にはブラシと整流子が使われ，常に同じ方向に電流が流れるように工夫されています．このため，回転軸は常に同じ方向に力を受け続けるので，回転し続けることができます．

8.8　誘導電流

導線でできたコイルに磁石（磁界）を近づけると，コイル内の磁界を打ち消すような向きに電流が流れます（レンツの法則）．このとき発生する電流を「誘導電流」と言います．手回し発電機は，ハンドルを手で回転させることで，「誘導電流」を発生させる装置です．

「誘導電流」は，コイルの中で磁石を出し入れしたり，磁石を動かさずコイルを出し入れしたりすると発生します．要するに，磁場を変化させることで，「誘導電流」は発生するのです．このため，手回し発電機でハンドルを手で回転させれば磁場が変化して「誘導電流」は発生しますが，ハンドルを手で回転させなければ磁場は変化しないの

で，「誘導電流」が発生することはありません．

この「誘導電流」の流れる向きは正に「あまのじゃく」ともいえます．自然界には今ある状態を保とうとする傾向があります．コイルに棒磁石のＮ極を近づけると，そのＮ極の磁界を打ち消すように上端がＮ極になるような誘導電流が生じます（**図 8-8-1**(**a**))．逆に，コイルから棒磁石のＮ極を遠ざけると，その動きを妨げるように上端がＳ極になるような誘導電流が生じます（**図 8-8-1**(**b**))．また，コイルに棒磁石のＳ極を近づけると，そのＳ極の磁界を打ち消すように上端がＳ極になるような誘導電流が生じます（**図 8-8-1**(**c**))．逆に，コイルから棒磁石のＳ極を遠ざけると，その動きを妨げるように上端がＮ極になるような誘導電流が生じます（**図 8-8-1**(**d**))．

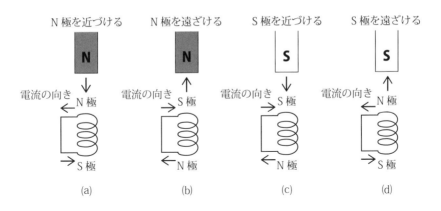

図 8-8-1　磁石の出し入れと誘導電流の向き

8.9　クリップモーターのつくり方

理科では，「ものづくり」が提唱されるようになりました．小学校では小学5年の電磁石の学習後に，中学校であればモーターのしくみの学習後に，クリップモーターを作成することになります．

第8章 磁石の性質

　クリップモーターの作成では，手に力のない児童・生徒はゼムクリップを何度も曲げることに大変苦労することがわかっています．クリップモーターについてはネットや書籍などでも紹介されていますが，私は**図8-9-1**のような重力に逆らわずに回転部分を下にした構造のクリップモーターを推奨します．その理由は，この構造ならばゼムクリップを広げる作業が一度ですみ，手に力のない児童にも簡単につくれるからです．

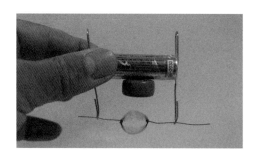

図8-9-1　回転運動を続けるクリップモーター

　まず，回転部分を作成します．単一乾電池では単価が高いため，単三乾電池を用いると経済的です．**図8-9-2**のようにエナメル線を乾電池に2回巻きつけて型をとり，軸となる部分を左右ともに二度ぐる

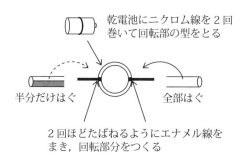

図8-9-2　回転部分の作成の仕方

8.9 クリップモーターのつくり方

ぐると回します．回転部分の両端のうちの片側はエナメル線の半分の被膜をはぎ取り，もう片側はエナメル線の被膜を全部はぎ取ります．はぎ取り方は，ハサミやカッターの刃をエナメル線にそって垂直に当て，エナメル線を回転させながらエナメル線の被膜をこすってはいでいきます．これで回転部分が完成します．

次に，ゼムクリップを**図 8-9-3**のように一度広げます．それを2個つくり，乾電池の両極に接触するようにセロテープで固定します．磁石には，片面がプラスチックで覆われていない，表と裏の両面で使用できる磁力の強い磁石を用います．乾電池はご存知のように表面は鉄で覆われているため，磁石は自身の磁力で乾電池につきます．この磁石を乾電池の真ん中につけ，その逆の面の磁力で回転部分を回転させます．これで土台が完成します．

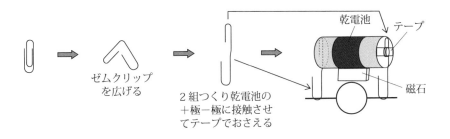

図 8-9-3　台座の部分の作成の仕方

最後に，セロテープで乾電池につけた土台のゼムクリップの部分に回転部分をひっかけてのせれば完成します．

回転部分が回転しないと訴える生徒のほとんどが，①エナメル線の片側はエナメルの被膜を1/2はぎ，もう片側はエナメル線の被膜の全部をはぐのですが，エナメル線のはぎ方が雑で，ゼムクリップと

被膜をはいだエナメル線がうまく接触していないこと，②回転部分が左右，上下対称の形になっていないために重さに偏りが生じ回転部分の回転がしにくいこと，③回転部分と磁石の距離が離れ過ぎて磁力がうまくはたらかないこと，等が挙げられます．

　実際のモーターでは，前述のようにブラシと整流子によって接触と非接触が繰り返され，回転部分（コイル）に流れる電流の向きが同じ向きになるようなしくみになっていて，回転部分は回転し続けることができます．
　一方，クリップモーターは実際のモーターとは異なり，ブラシと整流子は使わずに回転部分が簡略化されています．半回転する間は，回転部分は電流が流れて加速されるのですが，次の半回転では電流は切れるので回転部分は加速されません．しかし，回転部分は先ほどの回転の勢いで半回転することができ，次の半回転で再び電流が流れて回転部分が加速されるので，クリップモーターは回転し続けることができます．
　なお，クリップモーターは，回転部分がかなり熱をもって熱くなるので，やけどには十分に注意させましょう．苦労をしてモーターが回転したときの喜びは，児童・生徒にとって印象深いものとなるでしょう．クリップモーターの回転している様子を以下のサイトでご覧になれます．

第9章 ものの溶け方

9.1 水溶液における質量保存

　小学5年「もののとけ方」では，溶かす前の食塩と水の重さを合わせた重さが溶かした後の水溶液の重さに等しいことを学習します．

　図 9-1-1 のように，オレンジ色の BB 弾を「溶媒」の水に見立て，赤色の BB 弾を「溶質」の食塩に見立てます．ビーカーの下にスターラーの回転子をしのばせておき，そこに水の「溶媒」に見立てたオレンジ色の BB 弾を入れて少し水も加えた後，重さを量ります．水を加えた理由はスターラーの回転子が円滑に回転するようにするためです．同様に，「溶質」の食塩に見立てた赤色の BB 弾の重さも量ります．これらの重さの和が溶ける前の質量になります（プラスチックの入れ物の重さは入れない）．

　次に，水の「溶媒」に見立てたオレンジ色の BB 弾と水の入ったビーカーに，「溶質」の食塩に見立てた赤色の BB 弾を入れます．そ

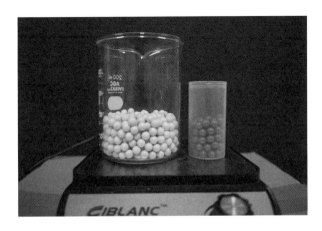

図 9-1-1　溶質を溶かす前の溶質と溶媒のモデル

のビーカーをスターラーにのせて回転子の回転数を上げ，しばらく時間が経過すると，**図 9-1-2** のように赤色の BB 弾がオレンジ色の BB 弾の中に均一に混じり合っていきます．これが，食塩が水に溶けている状態のモデルになります[1]．このときの重さを測定すると，最初の重さとは変わりません．このことから，溶かす前の食塩と水の重さを合わせた重さが溶かした後の食塩水の水溶液の重さに等しいことが説明できます．

図 9-1-2　溶質が溶けたときの溶液のモデル

＜引用文献＞

1) 柿沼宏充（2023）：「もののとけ方」に粒子モデルを導入することが溶液の均一性概念に及ぼす効果〜小学校第 4 学年「ものの温度と体積」と粒子の運動で関連させた実践を通して〜，日本理科教育学会関東支部大会発表要旨集．

9.2　濃度の均一性

　小学 5 年の「もののとけ方」には，発展的な内容として，水溶液中にもの（溶質）がどのように溶けるのかを調べます．溶質の砂糖が溶けていることは，白砂糖では水に色がつかずにわかりにくいのです

が，コーヒーシュガーに変えると茶色の濃淡により濃さの違いがわかりやすくなります．このため，溶質の溶解の実験ではコーヒーシュガーがよく用いられます．

しかし，依然として「水溶液の下ほど濃さが濃い」といった，間違った概念をもつ児童が全体の 25 ％程度います[1]．このことを解決するための BB 弾のモデルを導入した興味深い実践があります．そのモデルとは，9.1 節で説明しましたように，オレンジ色の BB 弾を「溶媒」の水に見立て，赤色の BB 弾を「溶質」に見立てます．ビーカーの下にスターラーの回転子をしのばせておき，そこへ水の「溶媒」に見立てたオレンジ色の BB 弾を入れ，水も少し加えておきます．その中に「溶質」に見立てた赤色の BB 弾を入れます．そのビーカーをスターラーにのせて回転子の回転数を上げ，しばらく時間が経過すると，赤色の BB 弾がオレンジ色の BB 弾の中に均一に混じり合っていきます．**図 9-1-2** は溶質が溶媒中に一様に溶けている状態（濃度はどこを取っても同じ）を示したモデルとなります．当該モデルを見せて説明したクラスの児童（実験群）と，見せずに普通の授業を行ったクラスの児童（統制群）間で，水溶液の濃度の均一性の理解に差が生じるのかを検証しました．その結果，実験群は統制群に比べて水溶液の濃度の均一性の理解が促進されることが明らかになりました[2]．

水溶液中の濃度の均一性は，中学 1 年で詳しく学習しますが，このようなモデルを導入することで，小学 5 年でも水溶液の濃度の均一性が理解できるようになります．

<引用文献>
1) 柿沼宏充（2023）：「もののとけ方」に粒子モデルを導入することが溶液の均一性概念に及ぼす効果〜小学校第 4 学年「ものの温度と体積」と粒子の運動で関連させた実践を通して〜，日本理科教育学会関東支部大会発表要旨集．
2) 前掲書 1)

第 9 章　ものの溶け方

9.3　水に溶ける溶質の量と温度

　小学 5 年「もののとけ方」では，もの（溶質）が決まった水（溶媒 100 mL）に溶ける量には限度があり，それはもの（溶質）の種類によって違うことも学習します．

　決まった水の量に溶かすことのできる溶質の量は，ミョウバンでは温度が高くなるにつれて溶ける量が多くなりますが，食塩では温度を高くしてもほとんど変わりません．この溶解度を中学 1 年では曲線のグラフで示しますが，小学 5 年では曲線のグラフは難しいと考え，棒グラフで示すことになります．

　一般になぜ温度を上げると水に溶ける溶質の量は増えていくのでしょうか．

　2.1 節の物質の三態でも述べましたように，水溶液の温度が高くなると温度が低いときに比べ，溶媒である水の粒の運動は激しくなります．水の粒が勢いよく溶質にぶつかり出すと，溶質は水に溶けやすくなります．逆に水の粒の動きが穏やかだと，水の粒が溶質にぶつかる回数も少なくなり，溶質は水に溶けにくくなります．

　このことも，9.1 節で使用した BB 弾を用いると説明ができます．

　水溶液の温度が高い状態（スターラーの回転子の回転数を上げる）では，**図 9-1-2** のように溶媒の水の粒（オレンジ色の BB 弾）が激しく動きまわり，溶質の赤色の BB 弾はオレンジ色の BB 弾の隅々までいきわたります．逆に水溶液の温度が低い状態（スターラーの回転子の回転数を下げる）では，**図 9-3-1** のように溶媒の水の粒（オレンジ色の BB 弾）の動きが穏やかで，溶質の赤色の BB 弾はオレンジ色の BB 弾の隅々までいきわたりません．**図 9-1-2** と **図 9-3-1** の両モデルを比較することで，一般に温度が高いときは，溶媒に溶ける溶質の量が多くなって溶け残りが少なくなりますが，逆に温度が低くなると溶媒に

溶ける溶質の量が少なくなって，溶け残りの量が徐々に多くなることが説明できます．

図 9-3-1　溶質の溶け残りがあるときの溶液のモデル

9.4　水に溶ける溶質の量と溶媒の量

　小学 5 年「もののとけ方」では，食塩やミョウバンの溶ける量を増やすには，水温を上げることと水の量を増やすことも学習します．水温を上げることについては 9.3 節で説明しました．

　本節では，溶媒である水の量を増やすと，もの（溶質）の溶ける量が増えることを児童にうまく理解させる方法について説明します．

　水温が同一であるという条件下では，溶媒である水の量を増やすと，ミョウバンや食塩が水に溶ける量も増えていくことを学習します．しかし，水の量を 2 倍，3 倍に増やしても，溶ける量がそれに比例して増えることについては説明されません．つまり，「溶媒の量が増えると溶ける量が増えること」のみが強調され，「溶媒の量に比例して溶質の量も増えること」についてはほとんど説明されません．ここが児童の理解を妨げている根本的な要因だと私は考えます．

第9章　ものの溶け方

「溶媒の量に比例して溶質の量も増えていくこと」を説明するには，たとえば，図 9-4-1 (a)が 20℃の水 50 mL に 5 g の溶質(粒が5個)が溶けることを示しているとすれば，水 50 mL の 2 倍である水 100 mL になれば，図 9-4-1 (b)のように水 50 mL の図が 2 個あることになり，5 g の溶質の 2 倍の 10 g が溶けることになります．さらに，水 50 mL の 3 倍である 150 mL になれば図 9-4-1 (c)のように水 50 mL の図が 3 個あることになり，5 g の溶質の 3 倍の 15 g が溶けることになります．このような方法で児童に説明することで，児童は「溶媒の量に比例して溶ける溶質の量も増えていくこと」が理解できます．また，ビーカーの下に溶け残った溶質を溶かすには，溶媒である水の量を増やせば溶かせることについても説明できるようになります．

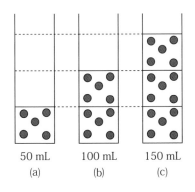

図 9-4-1　溶媒の量に比例して増える溶質のモデル

なお，小学理科では，溶媒である水 100 mL あるいは 50 mL に対して溶質が何 g 溶けるかで示し，中学理科では，溶媒である水 100 g に対して溶質が何 g 溶けるかで示します．2.4 節で触れましたように，温度が変わると水の体積も変わるので，溶媒の量を質量で示す中学理科の方が，溶媒の量を体積で示す小学理科に比べて溶解度を正確に示していると言えます．しかし，「溶媒の量に比例して溶ける溶質

の量も増えていくこと」という知識・技能は両者ともに共通なので，児童はそのことにはあまりこだわらず，素直に受け入れているのかもしれません．

9.5 理解を深める「溶解度と溶け残りの量」の指導法

小学5年「もののとけ方」では，氷水を入れた大きなビーカーにミョウバンの飽和水溶液を入れたビーカーをつけ，水温を下げればミョウバンの結晶は取り出せますが，同様のことをビーカーに入った食塩の飽和の水溶液で行っても食塩はほとんど取り出すことができないことを学びます．水に溶ける溶質の量を増やすには，9.3節で水温を上げることを，9.4節で溶媒である水の量を増やすことを学習してきました．本節では，水溶液中の溶質をどのように取り出すかについて考えることになります．

児童に溶解度曲線のグラフを見せて説明しても理解が難しいので，図 9-5-1 に示すような棒グラフを用いて説明します．ミョウバンは 50 mL の水に 20 ℃のときは 5.7 g，60 ℃のときは 28.7 g 溶けることができます．このため 60 ℃から 20 ℃に冷やせば，28.7 g から

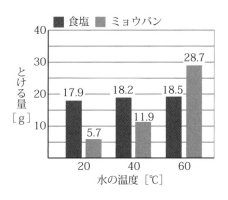

図 9-5-1　水の温度と溶解度 (50 mL)

第 9 章　ものの溶け方

5.7 g を引いた 23.0 g が結晶となってビーカーの底に析出する (現れる) ことになります．

　一方，食塩は，50 mL の水に 20 ℃のときは 17.9 g，60 ℃のときは 18.5 g 溶けることができます．このため，60 ℃から 20 ℃に冷やせば，18.5 g から 17.9 g を引いた 0.6 g が結晶となってビーカーの底に析出する (現れる) ことになります．

　したがって，水温を同じように 60 ℃から 20 ℃まで下げたにもかかわらず，ミョウバンは 23.0 g が結晶となって出てきますが，食塩はわずか 0.6 g しか結晶となって出てきません．このことから，ミョウバンのように温度変化による溶ける量の変化が大きい物質は結晶が取り出しやすく，食塩のように温度変化による溶ける量の変化が小さい物質は結晶を取り出しにくいことがわかります．

　しかし，このように説明されても，中学生でもなかなか理解できるものではありません．
　そこで，これらのことを「椅子取りゲーム」にたとえて説明すれば，児童・生徒は理解できるようになります．私は中学校教員になった 1983 年から，この方法で生徒に説明してきました．
　仮に水に溶けていられる溶質の量 (溶解度) を椅子の数，水に溶けきれずに水底に析出する溶質の量を椅子に座れなかった人の数で示すものとします．
　図 9-5-1 に示しますように，ミョウバンは 60 ℃のときは 29 脚の椅子があり，全員椅子に座れています．しかし，水温が 20 ℃まで下がると椅子の数は 23 脚減らされてしまい 6 脚しかありません．このため椅子に座れない 23 人が結晶となって出てくることになります．
　一方，食塩は，60 ℃のときは 19 脚の椅子があり，全員椅子に座れています．水温が 20 ℃まで下がっても，椅子の数は 1 脚しか減ら

9.5 理解を深める「溶解度と溶け残りの量」の指導法

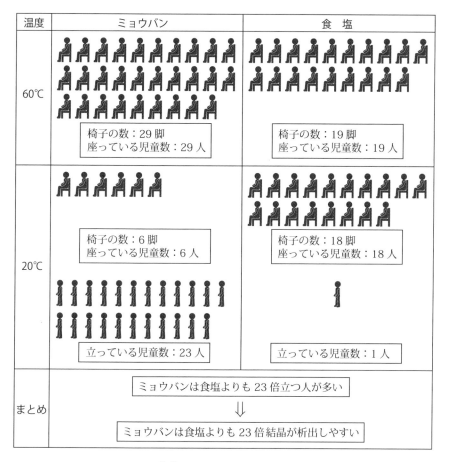

図 9-5-2 椅子取りゲームと析出する溶質の量

されずに 18 脚の椅子がありますので，座れなかった 1 人のみが結晶になって出てきます．

以上により，水温を 60 ℃から 20 ℃まで同じように下げたにもかかわらず，ミョウバンは 23 人が座れずに結晶となって出てきますが，食塩は 1 人だけが座れずに結晶となって出てきます．つまり，ミョウバンは食塩に比べて 23 倍も多くの結晶が析出することになります．このことから，繰り返しになりますが，ミョウバンのように温

度変化による溶ける量の変化の大きい物質は結晶が取り出しやすく，食塩のように温度変化による溶ける量の変化の小さい物質は，結晶が取り出しにくいことがわかります．

また，小学5年「もののとけ方」では，水溶液に溶けている溶質を結晶として取り出すには，ミョウバンのように温度変化による溶ける量の変化の大きい物質でも，食塩のように溶ける量の変化の小さい物質でも，水溶液を蒸発皿に移し替え，それをガスバーナーで加熱して水の量を少なくすれば（水を完全に蒸発させてもよい），溶質は取り出せることも学習します．

9.6　水溶液の性質

9.5節で，水溶液の中に溶けている溶質でも，水を蒸発させることで溶質が取り出せることに触れました．

また，小学6年「水溶液の性質」では，水溶液の中には二酸化炭素が水に溶けた炭酸水をはじめ，アンモニアが水に溶けたアンモニア水，及び塩化水素が水に溶けた塩酸についても学習します．これらの水溶液は熱すると，気体が空気中に逃げていき，容器には何も残りません．特に炭酸水では，**図 9-6-1** のように手で炭酸水の入った容器を手で温めて軽く振って出てきた気体を石灰水に通すと白濁することから，炭酸水は二酸化炭素が溶けていることがわかります．

また，水溶液の性質についてもリトマス紙を使って調べます．炭酸水と塩酸は青色リトマス紙を赤色に変化させるので酸性，アンモニア水と石灰水は赤色リトマス紙を青色に変化させるのでアルカリ性，食塩水は赤色リトマス紙と青色リトマス紙ともに変化させないので中性となります．

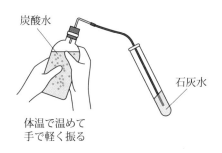

図 9-6-1　炭酸水から出てくる二酸化炭素

9.7　水溶液の濃度計算
9.7.1　水溶液濃度計算でつまずく要因

　濃度は，濃度の公式に溶質の質量と溶媒の質量を代入して計算すれば求められます．「10 %の濃度の食塩水 100 g には食塩が何 g で水が何 g なのか」を問う問題に，正確に答えられた中学 3 年は半数程度であったことが全国学力・学習状況調査で報告されています[1]．教師には簡単に思えてしまう濃度計算ですが，溶質をどのように求めればよいのかがわからず，正答にたどりつけない生徒が多いのが現状です．

　なぜ中学 3 年の半数近くの生徒は濃度計算ができないのでしょうか．その原因を突き止めるために調査を行いました．調査の結果，中学生が水溶液濃度計算でつまずく要因は，「食塩水の構造」「溶液の構造」「食塩水の濃度の公式」「濃度の公式」「百分率から小数への変換」「百分率の計算」「方程式の計算」「濃度の公式の変形」の知識・技能の不足によって起こることが明らかになりました[2]．

　また，水溶液における物質の析出量を求める際，生徒がつまずく要因を突き止めるための調査を行いました．調査の結果，「溶解度曲

線から，溶解度（100 g の水に溶ける最大の溶質の質量）を読み取り，溶媒に溶ける最大の溶質の質量を求めること」「現時点での溶液中の溶質の質量を把握し，『溶液の温度変化』や『溶媒の質量変化』が生じる中での析出量を求めること」に難しさがあり，つまずくことが明らかになりました[3]．

<引用文献>
1) 文部科学省・国立教育政策研究所（2015）：平成27年度全国学力・学習状況調査報告書・中学校理科：一人一人の生徒の学力・学習状況に応じた学習指導の改善・充実に向けて，22-26．
2) 石井俊行・寺窪佑騎（2018）：水溶液濃度計算におけるつまずきの要因分析と学習指導法の検討～小学校からの教科横断型カリキュラム・マネジメント～，科学教育研究，日本科学教育学会，42(1), 25-36.
3) 髙橋純平・佐藤雄紀・石井俊行（2024）：水溶液での「物質の析出量の算出」におけるつまずきの要因分析，日本科学教育学会研究会研究報告，38(4), 13-18.

9.7.2 理解を深める「水溶液の濃度計算」の指導法

これらのつまずきを克服する私の考える指導法について，以下に説明します．

(1) 食塩水（溶液）の構造とその公式を把握させる

小学5年理科の「物の溶け方」では「物が水に溶けても，水と物を合わせた重さは変わらないこと」「物が水に溶ける量には限度があること」を学習します．食塩水を例に挙げて，溶かす前の水の質量と食塩の質量は溶かした後の食塩水の質量に等しいことから，「水の質量＋食塩の質量」が「食塩水の質量」であることを十分に理解させます．この際に，1.1節の小学3年理科の「物と重さ」で，「物は形が変わっても重さは変わらないこと」も併せて確認しておきます．

特に，質量パーセント濃度の公式である，

9.7 水溶液の濃度計算

$$（質量パーセント）濃度 = \frac{溶質の質量〔g〕}{溶質の質量〔g〕+溶媒の質量〔g〕} \times 100 \cdots (1)$$

　ですが，意外にも生徒は覚えていません．また，「溶質」「溶媒」「溶液」という用語でもつまずいてしまっています．この対処法としては，身近な「食塩水」を引き合いに，「溶質」は「食塩」，「溶媒」は「水」，「溶液」は「食塩水」に当たることをよく認識させることが重要です．なにしろ「溶媒」が児童・生徒にとって一番難しく，とっつきにくい用語だからです．溶媒の「媒」という漢字の意味が「関係をとりもつこと」であることも併せて教えていくと，「溶媒」という用語も受け入れやすくなります．

　そもそも溶液の質量パーセント濃度というのは，溶液全体の重さに対する溶質の量の割合を百分率〔％〕で示したものです．これも先の公式と同様に具体的にイメージのしやすい食塩水に置き換えて，

$$（質量パーセント）濃度 = \frac{食塩の質量〔g〕}{食塩の質量〔g〕+水の質量〔g〕} \times 100 \cdots (2)$$

も併記し，(1)と見比べて同じものであることを確認しておく必要があります．

(2) 百分率の計算の数学的技能を向上させる

　調査の結果から，「百分率から小数への変換」や「百分率の計算」でつまずいている生徒が多いことが明らかになりました．ご存知のように小学3年算数では「小数の加法及び減法や分数の表し方」を，小学4年算数では「小数の乗法及び除法の計算」を，小学5年算数では「小数，分数の乗法・除法の計算，小数から分数や分数から小数への変換」を，小学6年算数では「分数の乗法及び除法の計算」を学習します．

第9章　ものの溶け方

　特に「百分率を小数に変換して溶質を求める」には，「百分率を小数に変換する」数学的技能が必須で，この数学的技能は，小学5年算数で初めて学習します．このため，小学5年は水溶液濃度計算に深く関わる数学的技能を習得する重要な学年と言えます．これらのことから，小学算数での小数や分数の計算ができない児童は，中学での濃度計算を理解することは難しく，この点も十分に復習させておく必要があります．

(3)　方程式の計算技能を向上させる

　他のつまずきの要因として，数学的な要素が大きいということです．平成29年告示の学習指導要領では「カリキュラム・マネジメント」という用語が新しく出てきました．その中の1つとして，「他教科と関連付けて教科横断的に扱ったり，理科の内容を他学年の理科の内容と関連付けたりするなどして，児童・生徒を指導していくべきこと」が明記されました．

　私が中学校の教員だったとき，濃度計算の方程式をうまく解けるようになるには，数学の計算能力が必須だと考え，濃度における計算の箇所のみを残し，他の単元を先に教えました．それは，数学の授業で一次方程式の学習を済ませた後であれば，生徒は濃度計算の方程式を巧みに解くことが可能になるのではないかと考えたからです．

　ご承知のように濃度計算には，「溶液の量」，「溶媒の量」，あるいは，「溶質の量」を未知数 x として方程式を立てなければならないことが多く，以下のように x が分母にくることが頻繁にあります．

$$\frac{20}{x} \times 100 = 10 \cdots (1)$$

$$\frac{20}{20+x} \times 100 = 10 \cdots (2)$$

$$\frac{x}{x+180} \times 100 = 10 \cdots (3)$$

　このことを当時の数学担当教員に相談したところ，生徒が方程式の計算能力が備わらないのに，理科で方程式の解き方を教えることは時間もかかるだろうし，かなり難しいのではないかという回答でした．その助言通り，学習時期を中学1年の最後の方に遅らせて授業を行ったところ，数学での方程式の学習を終えた生徒は，巧みに方程式を変形させるなどして最終解答に到達できる生徒が多くなりました．かつての理科の授業中に方程式の解き方を教えていたときに比べ，断然効率よく生徒に濃度計算を教えることができました．やはり，学習時期をうまく合わせることで（現在のカリキュラム・マネジメント），生徒の理解もさらに深まります．

(4) 溶解度曲線から溶解度を読み取る数学的技能を向上させる

　一般に中学理科では，溶解度曲線が理科教科書等に登場するようになり，この溶解度曲線から溶解度（100gの水に溶けることのできる溶質の最大の質量）を読み取らせます．しかし，溶解度曲線のようなグラフから数値を読み取る数学的技能が身についていない生徒もいますので，十分に身につけさせる必要があります．

(5) 溶解できる最大の質量は，溶媒の質量に比例することを把握させる

　溶解できる最大の質量は，溶媒の質量に比例します．しかし，このことに直接触れている令和2年検定済中学理科教科書は存在しません．このため，生徒は溶媒である質量100gの水に溶解できる最大の質量がA〔g〕のとき，溶媒の質量B〔g〕に溶解できる最大の質量x〔g〕は，比を用いることで「$100:A=B:x$」と立式でき，「$x=AB/100$」で求められることの理解がしにくい状況に

あります．このことを生徒にうまく理解させると，生徒は溶解できる最大の溶質の質量を溶解度に小数倍や分数倍して求められるようになります．

一方で，水溶液の濃度計算は，溶液に水を足して溶媒の質量を増やしたり，水を蒸発させて溶媒の質量を減らしたり，あるいは温度を上下させたりと，条件が多岐にわたるために，問題の解決には国語の読解力等も不可欠になります．

9.8 飽和水溶液と飽和水蒸気量
9.8.1 飽和水溶液の溶解度と飽和水蒸気量のグラフの違い

中学理科での「飽和」には，飽和水溶液に使われる「飽和」と飽和水蒸気量に使われる「飽和」の2つがあります．

飽和水蒸気量の曲線では，**図9-8-1**のようにグラフ内に1つのグラフしか描かれません．しかし，飽和水溶液の溶解度曲線では，**図9-8-2**のように同一グラフ内に3〜4種類の物質の曲線が描かれます．このため，中学生はグラフ内に1つのグラフしか描かれない飽

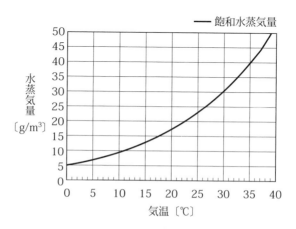

図9-8-1　気温と飽和水蒸気量

9.8 飽和水溶液と飽和水蒸気量

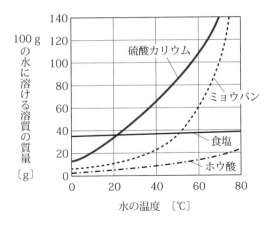

図 9-8-2　温度と 100 g の水に溶ける量

和水蒸気量の曲線の方が 1 つの曲線に集中できるためにわかりやすいと言います．

　たとえグラフ内に 1 つのグラフしか描かれない飽和水蒸気量の曲線でも，グラフを読み取る能力は必須です．このグラフは空気 1 m^3 当たりにどれだけの水が水蒸気として存在できるのかを示しています．空気の量が 2 倍，3 倍になればそれに比例して水蒸気でいられる量も 2 倍，3 倍に増えていくことになります．なお，教室の大きさの水蒸気量を計算するには，空気 1 m^3 当たりの水蒸気量 a 〔g/m^3〕に，その教室分の体積 V 〔m^3〕を掛ければ，教室内の水蒸気量は aV 〔g〕と求めることができます．

9.8.2　飽和水蒸気で飽和水溶液を想起させることの有効性

　共通の「飽和」の概念が用いられる飽和水溶液は中学 1 年で学習し，飽和水蒸気量は中学 2 年で学習します．このため中学校教員のときの私は，中学 2 年の飽和水蒸気量を理解させる際に，中学 1 年での飽和水溶液の履修内容を引き合いに出して説明していました．
　しかし，この指導法の有効性は定かではありません．そこで，中学

第9章 ものの溶け方

　2年の飽和水蒸気量の学習時に，中学1年の飽和水溶液の履修内容を引き合いに出すことの有効性を調査することにしました．

　調査の結果，先行の飽和水溶液の学習を後続の飽和水蒸気量の学習に活かすには，濃度の学習と湿度の学習に「共通性」があることを生徒にしっかりと説明し，気づかせていくことが重要であることが明らかになりました．また，この「共通性」に自分自身で気づける生徒と他からの情報で気づける生徒，そして全く気づけない生徒の間には理科の学力に差があることが明らかになりました．つまり，「共通性」に気づける生徒ほど成績がよいのです．そのため，教師は生徒に学習内容の「共通性」に注目させ，意識させて学ばせていくことで，生徒の抽象化能力は高まると考えます[1]．

9.8.3　飽和水溶液と飽和水蒸気量の共通点と相違点

　以下に，飽和水溶液と飽和水蒸気量の共通点と相違点についてまとめます．

(1)　共通点

　飽和水溶液では温度が高くなると溶けることのできる溶質の量は増え，温度が低くなると溶けることのできる溶質の量は減り，溶けきれなくなった溶質は結晶となって析出します．一方，飽和水蒸気量は気温が高くなると水蒸気でいられる水蒸気量も増え，温度が低くなると水蒸気でいられる量は減り，水蒸気としていられなくなった水蒸気は凝結して水となって出てきます[2]．

　なお，飽和水蒸気量では，特に飽和の状態のときの温度を「露点」という用語を用いて，「露点20℃のときの水蒸気量」などと，気温で空気中にある水蒸気量を示すこともあります．このことで混乱をしてしまう生徒もいますので，よく指導していきましょう．

(2) 相違点

　湿度は，下の(1)式にあるように，その温度での飽和水蒸気量に対する空気 1 m³ 中に含まれる水蒸気の質量の水蒸気量の割合に 100 を掛けた数値であるため，分母と分子の数値が同じになることもあり，湿度 100 % はありえます．

　しかし，濃度は，(2)式にあるように溶媒と溶質を合わせた溶液の質量に対しての溶質の質量の割合に 100 を掛けた数値のため，分母と分子の数値が同じになることはなく，濃度 100 % は絶対にありえません[3]．

$$湿度 = \frac{空気 1\ m^3 の中に含まれる水蒸気の質量 [g/m^3]}{その温度での飽和水蒸気量 [g/m^3]} \times 100 \cdots (1)$$

$$質量パーセント濃度 = \frac{溶質の質量 [g]}{溶質の質量 [g] + 溶媒の質量 [g]} \times 100 \cdots (2)$$

　以上のように，中学 2 年の飽和水蒸気の学習時には，中学 1 年での飽和水溶液の履修内容を引き合いに出しながら学習を進めていくことで，生徒の理解が深まります．学習の究極は，児童・生徒にいかにこれらの「共通性」に気づかせるかにかかっています．ぜひうまく指導していきましょう．

<引用文献>

1) 石井俊行・橋本美彦（2015）：学習の共通性を見いだす能力を高めさせる指導に関する一考察〜濃度と湿度の飽和の概念を通して〜，科学教育研究，日本科学教育学会，39(1), 2-10.
2) 前掲書 1)
3) 前掲書 1)

第 10 章 化学反応

化学実験は思わぬ事故を起こす恐れがありますので、必ず保護眼鏡を使用し、安全面に配慮して行いましょう．

10.1 気体の発生

10.1.1 気体の収集方法

多くの気体は無色透明なので、集気びんにどれだけの気体が集まったのかがわかりにくいものです．発生した気体を集める方法としては、気体が集まったことが可視化できる**図 10-1-1** (a)の水上置換法で集めるとよいでしょう．酸素や水素は水に溶けにくい気体ですので、この水上置換法で集めます．

二酸化炭素は空気よりも重い気体ですので**図 10-1-1** (b)の下方置換法で集められますが、水に多少溶けこんだとしても水上置換法で集める方がよいでしょう．気体が集まる様子が可視化できるうえに、純粋な二酸化炭素が採取できます．

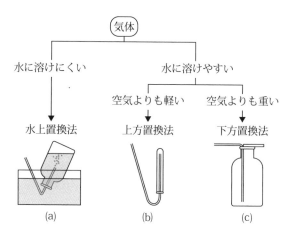

図 10-1-1　気体の採取方法

アンモニアは空気よりも軽く，しかも水に非常に溶けやすい気体なので，**図 10-1-1**(c)の上方置換法でしか集めることができません．

上方置換法や下方置換法は，集気びん内にあった空気を発生させた気体で外に追い出して入れ替えていく採取方法です．このため気体の吹き出し口のガラス管は，なるべく集気びんの奥までさしこむ必要があります．そうしないと空気との混合気体を集めることになり，純粋な気体をなかなか採取することができません．

10.1.2　酸素

酸素は二酸化マンガンに過酸化水素水を加えて発生させます．この場合の化学反応式は，「$2H_2O_2 \rightarrow 2H_2O + O_2$」です．二酸化マンガンはあくまでも触媒ですので，化学反応式には二酸化マンガン（MnO_2）は含めません．過酸化水素水は水で希釈して使用します．間違っても原液のまま使用しないでください．事故につながります．**図 10-1-2** のような実験装置もよいのですが，児童・生徒が何度も試すことができる簡便な実験方法を，以下に紹介します．

粒状の二酸化マンガンを購入し，それを水で一度洗い流して細かい二酸化マンガンを取り除きます．理由は細かい砂状の二酸化マンガンがあると反応が極端に激しくなってしまうからです．**図 10-1-3** のよ

図 10-1-2　酸素の発生

第 10 章 化学反応

図 10-1-3 試験管内で燃える酸素

うに，この粒状の二酸化マンガンを試験管に6粒ほど入れ，そこにうすめた過酸化水素水を入れると，酸素が発生します．試験管内に火のついた線香を挿入すると，「ポン」と音をたてて線香が炎を上げて燃えます．試験管から炎を上げて燃えている線香を取り出し，炎を消して再び火のついた線香を挿入すると，先ほどと同様に音をたてて線香が再び炎を上げて燃えます．この方法では，班員4名がそれぞれに2回以上は行うことは可能です．

10.1.3　水素

中学理科で発生させる水素ですが，**図 10-1-4** のような発生装置が教科書によく描かれています．私はこの方法を推奨しません．なぜなら発生装置に誤って火を近づけてしまうと，装置が爆発してガラス片が飛び散る恐れがあるからです．

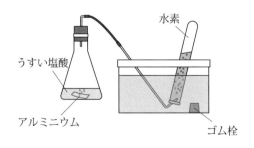

図 10-1-4　水素の発生

10.1 気体の発生

　私の推奨する方法はいたって簡単です．**図 10-1-5** のようなプラスチック製の容器（写真用のフィルムが入っているプラスチックのふたのある入れ物）を発生装置に用います．この容器のふたの中心部分を

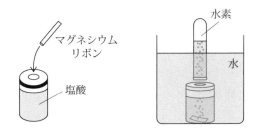

図 10-1-5　プラスチック製の容器を用いた水素の採取法

コルクボーラーで穴を開ければ完成です．このプラスチック製の容器は理科消耗品として購入することができます．この容器に 5 %程度の濃度のうすい塩酸を半分ほど入れてふたをします．マグネシウムリボンを 4 cm ほどの長さに切り取り，開けた穴から挿入して反応させます．この装置を手にもって水を入れた水槽の底に沈めると，容器の穴から気体の泡（水素）が発生します（気体が発生するために，プラスチック製の容器には水槽の水は入っていきません）．気体を水上置換法で小型試験管に集め，その都度ゴム栓をして 5 本ほど採取します．採取した試験管を使って，無色であるか，臭いはあるか，などを調べます．次に試験管の口を下にしてゴム栓をはずして親指で口を覆い，口を上にしてもちます．試験管の口から親指を離して，試験管の口にマッチの炎を近づけると，水素は「ボッ」と鈍い音をたてて燃えます．反応後は，試験管がくもります．くもる理由は，水素が空気中の酸素と化合して水が発生したためです．なお，試験管に半分ほど水素を集めて親指で押さえて，試験管の口を下にして水を抜くと水と入れ替わって空気が試験管に入っていきます．その後親指で試験管の口を押さえてよく振ります（空気中には窒素が約 8 割，酸素が約 2 割あ

第10章 化学反応

り，中にある水素と酸素とがほどよく混ざる）．親指で試験管の口を覆い，口を上にし，試験管の口から親指を離して試験管の口にマッチの炎を近づけると「ポン」とよい音をたてて燃えます．純粋に近い水素では「ボッ」と鈍い音をたてて燃えますが，酸素とほどよい割合で混ざると「ポン」とよい音をたてて燃えます．水素は危険な気体なので，安全に実験を行わせていきましょう．

10.1.4　二酸化炭素

二酸化炭素は石灰石にうすい塩酸を加えて発生させます．この際も5％程度の濃度の塩酸を使用します．この場合の化学反応式は，「$CaCO_3 + 2HCl \rightarrow CaCl_2 + CO_2 + H_2O$」です．教科書には**図 10-1-6**のような発生装置がよく描かれています．発生した二酸化炭素を，石灰水を入れた試験管に通すと石灰水が白く濁ることが確認できます．

この二酸化炭素も 10.1.3 項の水素の発生の際に用いたプラスチック製の容器で発生させることができます．プラスチック製の容器に半分ほど塩酸を入れ，そこに石灰石を入れて穴のあいた容器のふたをすると，穴から二酸化炭素の気体が出てきます．これを水上置換法で試験管等に集めれば採取できます．

この採取方法はいろいろな気体に使うことができます．

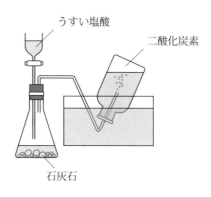

図 10-1-6　二酸化炭素の発生

10.1.5 アンモニア

アンモニアは水に非常に溶けやすく，空気よりも軽い性質をもっていますので，上方置換法でしか集めることはできません．試験管や丸底フラスコを逆さまにセットし，気体の吹き出し口のガラス管を奥に入れ，アンモニア独特の刺激臭が鼻にただよってくれば試験管や丸底フラスコ内にアンモニアが集まったことがわかります．この方法よりも推奨する方法として，試験管や丸底フラスコの口付近に，水で濡らした赤色リトマス紙をピンセットではさんで近づけます．濡らしたリトマス紙にアンモニアが溶けこみ，反応して青色に変色したらアンモニアが集まったことがわかります．

図 10-1-7 のように，アンモニアの水に非常に溶けやすい性質を利用して，丸底フラスコを用いた赤い噴水がよく行われます．下の水槽の水に，フェノールフタレイン溶液を溶かしておきます．誘い水をあらかじめスポイトの中に入れておき，誘い水を丸底フラスコ内に噴射すると，その誘い水にアンモニアがすばやく溶けこみ，丸底フラスコ内の気圧が低くなって水が水槽から勢いよく上昇します．次から次へとアンモニアが水に溶けこむために丸底フラスコ内の気圧は低くな

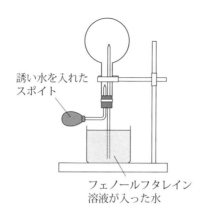

図 10-1-7　アンモニアによる赤い噴水

第 10 章　化学反応

り，水槽の水は丸底フラスコ内にどんどん上昇していきます．このとき下から上昇してきた水は，アンモニアが溶けこみアルカリ性のアンモニア水になるため，赤色に変わります．

丸底フラスコが乾いていないために，その代用品として平底フラスコで赤い噴水の実験を行う方がおられますが，勢いよく上昇してくる水圧に耐えきれず，平底フラスコが割れる恐れがありますので，安全な丸底フラスコを使用しましょう．

10.1.6　ものの燃焼前後の気体

小学 6 年「ものの燃え方」では，ボンベに入った窒素，酸素，二酸化炭素を水上置換法で集気びんにそれぞれ集めます．そして，火のついたろうそくをそれぞれの集気びんに入れて，ろうそくの燃え方を比べます．その結果，酸素には物を燃やすはたらき（助燃性）があり，その他の気体には助燃性がないことを学習します．

また，物が燃えるときの前後で，空気の成分に違いがあるのかも実験で確かめます．図 10-1-8 (a) のように，集気びんの中の空気の成分を気体検知管，あるいは石灰水で調べます．気体検知管で空気中での酸素の量を調べると約 21 %，二酸化炭素の量を調べると 0.03 %程度（現在は 0.04 % に上昇している）となります．また，集気びんに石灰水を入れて振っても石灰水は白く濁りません．

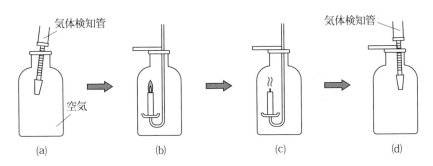

図 10-1-8　ろうそくの燃焼前後の気体

この集気びんの中に**図 10-1-8**(b)のように火のついたろうそくを入れ，**図 10-1-8**(c)のように，ふたをしてろうそくの火が消えたらふたをずらしてろうそくを取り出します．**図 10-1-8**(d)のように再び気体検知管で集気びんの中の酸素の量を調べると，約 21 %から 17 %となり約 4 %程度酸素が減ります．一方，二酸化炭素の量を調べると，0.03 %程度から 3 %程度となり約 100 倍に増えます．また，集気びんの中に石灰水を入れて振ると石灰水は白く濁ります．これらのことから，ろうそくなどの物が燃えると，空気中の酸素が減り（使われ），二酸化炭素が増えることがわかります．

【石灰水のつくり方】
　ここで使用した石灰水は，水酸化カルシウム（$Ca(OH)_2$）を水に溶かしてつくった水溶液です．石灰水のつくり方は簡単です．水酸化カルシウムをガラス製の空きびんに入れ，そこに水を加えて栓をした後，びんを振ってかき混ぜれば完成です．ただし，すぐには使用できません．しばらく（1 日程度）放置し，溶けきれなかった水酸化カルシウムは下に沈澱しますので，その上澄み液を石灰水として取り出して使用します．使用する前日にでも，びんを振って放置しておけば石灰水は取り出せて使用できます．減った分，びんに水を補充すれば，繰り返し石灰水を取り出すことができます．

10.2　化学反応

10.2.1　アルミニウムと塩酸の反応

小学 6 年「水溶液の性質」では，**図 10-2-1** のように塩酸にアルミニウムを入れ，アルミニウムの変化を調べます．アルミニウム箔を 3 回程度折って 8 mm 四方ほどに切ったものやアルミニウム缶を

切って表面のコーティングをやすり等で削ったものをうすい塩酸の入った試験管に入れます．この場合の化学反応式は，「$2Al + 6HCl \rightarrow 2AlCl_3 + 3H_2$」です．

最初のうちは，気体（水素）はあまり発生しませんが，途中から発生量が増えていきます．その理由はアルミニウムの表面がコーティングされていることが多いためで，それが溶けるまでに多少の時間がかかるからです．試験管の中でのアルミニウムが溶けていく様子を児童に観察させます．化学反応による反応熱が発生するために，反応を終えた試験管に触らせると試験管が熱くなっていることがわかります．

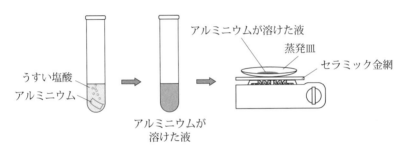

図 10-2-1　アルミニウムが溶けた後に残る物質

その後，塩酸に溶けたアルミニウムはどこへいったのかを調べます．溶けた液を蒸発皿に移し替えて加熱すると，塩酸は空気中に塩化水素となって逃げていきます．この塩化水素の臭いはかなりきついので，児童には蒸発皿に近づいて臭いを嗅がないように注意しましょう．

最後に蒸発皿には，白い粉の塩化アルミニウム（$AlCl_3$）が残ります．この白い粉が電気を通すかどうかを，乾電池，豆電球，導線を使って調べると，実験前のアルミニウムは電気を通しますが，白い粉は電気を通さないことがわかります．

以上より，水溶液には金属を入れると金属が溶けて気体を発生させ

たり，金属の表面の様子を変化させたりするものがあり，また，金属が溶けた水溶液から溶けたものを取り出すと，もとの金属とは性質の異なるものになることがわかります．

10.2.2　炭酸水素ナトリウムの熱分解

中学生が行う「分解」の代表的な実験として，水の電気分解（$2H_2O \rightarrow 2H_2 + O_2$）と炭酸水素ナトリウムの熱分解（$2NaHCO_3 \rightarrow Na_2CO_3 + CO_2 + H_2O$）が挙げられます．炭酸水素ナトリウムの熱分解では，**図 10-2-2** のような装置をつくって炭酸水素ナトリウムをガスバーナーで加熱すると，炭酸ナトリウム，二酸化炭素，水の3つに分かれる「分解」という化学変化が起こります．加熱前も加熱後も白い粉ですが，加熱後は炭酸ナトリウムとなって水によく溶け，その溶液にフェノールフタレイン溶液を加えるとあざやかな赤色を示します（強アルカリ性）．一方，加熱前の炭酸水素ナトリウムは水に少し溶けますが，その溶液にフェノールフタレイン溶液を加えると，うすい赤色を示します（弱アルカリ性）．この色の違いにより，加熱前と加熱後では物質が違うことが確認できます．

発生した気体を石灰水に通すと，石灰水は白く濁ることから気体は二酸化炭素であることがわかります．また，加熱した試験管がくも

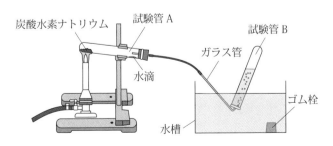

図 10-2-2　炭酸水素ナトリウムの熱分解

り，水のような液体が発生します．塩化コバルト紙を用いて色の変化を調べると青色から赤色に変化することから，水が発生したことが確認できます．生徒の中には，塩化コバルト紙は何の液体につけても，青色から赤色に変化するものだと思いがちです．このためにあらかじめ液体のエタノールにもつけ，色の変化を確認しておくとよいでしょう．結果は青色のままなので，塩化コバルト紙は水に反応して赤色に変化することに生徒は納得をします．

この実験では，発生した液体（水）が加熱部分に流れ落ちて試験管を割るのを防ぐために，試験管の口を下向きにして実験を行うこと，また試験管内の石灰水が逆流して加熱している試験管を割らないよう，火を遠ざける前にガラス管を石灰水から抜いておくことも併せて確認しておきましょう．

また，炭酸水素ナトリウムは「ふくらし粉」とも呼ばれ，パンをふっくらとふくらませるために使われます．2つのフライパンを用意し，片方は小麦粉を水でといたものを，もう片方はそれに炭酸水素ナトリウムを加えたものを，それぞれ同時に加熱します．炭酸水素ナトリウムを加えない方は小麦粉がベチャと固まってしまいますが，炭酸水素ナトリウムを加えた方は小麦粉から泡（二酸化炭素）が「プツンプツン」と出てきて，小麦粉が弾力性のあるスポンジ状にふくらみます．ベーキングパウダー（炭酸水素ナトリウムの成分が含まれている）はパンなどをふっくらと弾力性のあるスポンジ状にするために用いられていることを説明します．炭酸水素ナトリウムという固体の粉を加熱すると，気体の二酸化炭素が発生するというのは考えてみれば不思議なことです．そういったことが起こるのが化学であることを児童・生徒に伝えましょう．また，実験結果から炭酸水素ナトリウムは，加熱後は強アルカリ性の苦みのある炭酸ナトリウムに変化することから，ベーキングパウダーの中にはその苦みを打ち消すための調味

10.2 化学反応

料が加えられていることも併せて説明しておくとよいでしょう．

10.2.3 鉄と酸素の反応

　鉄を加熱して酸化鉄にする実験では，鉄の塊(かたまり)では酸化しにくいので，酸化しやすいスチールウール（鉄）を用います．銀白色のスチールウール（鉄）は，燃焼すると黒色の酸化鉄になります．スチールウールは，軽く丸めなければ，オレンジ色になってすぐに酸化しますが，実験では軽く丸めたスチールウール（鉄）を用います．その理由は，スチールウール（鉄）の質量がわずかだと，空気中の酸素と結びついても，質量が増加したことがわかりにくいからです．

　この酸化鉄の実験後には，銅の酸化の実験も行い，銅が空気中の酸素と結びついて酸化銅になることも確かめます．併せて，銅の質量をいろいろと変えて，結びつく酸素の質量が銅の質量に比例して増加していく「定比例の法則」も学習します．このため，鉄の酸化の実験では，まずはスチールウール（鉄）が空気中の酸素と結びついて質量が大きくなったことだけがわかれば十分とも言えます．

　このため，スチールウール（鉄）が加熱後には質量が大きくなったことを，上皿天秤を用いるとよくわかります．この実験では，上皿天秤のプラスチックの皿をステンレス皿に交換しておきます．なぜなら，加熱後の酸化鉄を上皿天秤の皿にすぐのせてしまうとプラスチックの皿が溶けてしまうからです．

　最初に，上皿天秤の左右の皿に軽く丸めたスチールウールをそれぞれのせ，左右の質量がつり合っていることを確かめさせます．次に，**図 10-2-3** のように，その片方のスチールウールをるつぼばさみ（ピンセットでもよいが，反応の箇所から距離がかせげて安全に行える）で挟(はさ)み，ガスバーナーで加熱します．オレンジ色になって表面のみが酸化（表面のみが黒色となる）しますが，内部まではなかなか酸化反応は進みません．内部まで酸化反応をいきわたらせるコツは，ガスバー

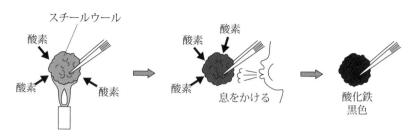

図 10-2-3　スチールウールの燃焼

ナーで熱してオレンジ色になったスチールウールに向かってすばやく呼気を吹きかけることです．このことを何度も繰り返すと，最後にはオレンジ色にならなくなって全体が黒色になり，酸化反応はほぼ終了します．酸化反応が終了した黒色のスチールウールを上皿天秤の皿に再度のせると，上皿天秤は下に傾きます．このことから加熱したスチールウール（酸化鉄）はもとのスチールウール（鉄）よりも質量が大きくなったことが確認できます．その後，スチールウール（鉄）は空気中の酸素と結びついた分，重くなったことを生徒に説明します．

10.2.4　鉄と硫黄の反応

鉄と硫黄を混ぜたものを加熱して硫化鉄にする実験では，鉄と硫黄を混ぜただけの混合物とそれを加熱後にできる化合物である硫化鉄 FeS（Fe + S → FeS）とでは，性質が異なることを確かめます．

図 10-2-4 のように，加熱前に硫黄が空気中に拡散しないように試験管の口に脱脂綿を軽く入れてふさぎます．試験管を試験管ばさみではさみ，混合物のある試験管の「上部」をガスバーナーで加熱すると，硫黄が溶け出して鉄と硫黄とが反応し合って溶岩のように試験管が真っ赤になります（800 ℃以上の発熱反応）．

そうなったら，試験管をガスバーナーの炎から遠ざけます．加熱し

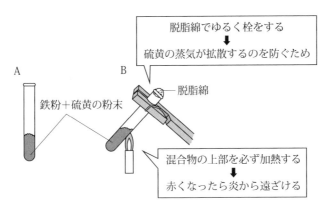

図 10-2-4　鉄粉と硫黄の化合

なくても反応熱によって反応が「下部」へと進み，やがて，反応が止まります．反応が止まったら，試験管が転がらないように試験管ばさみに試験管をつけたままセラミック金網の上に置き，試験管が冷えるのを待ちます．

　この実験では必ず試験管にある混合物のある試験管の「上部」をガスバーナーで加熱することです．「上部」を加熱することで，発熱反応の箇所が重力により「上部」から「下部」へと移り，同じ箇所での発熱反応にならないからです．しかし，試験管の「下部」を加熱してしまうと，未反応の鉄粉と硫黄が重力によって「上部」から「下部」へと流れこみ，800 ℃以上の試験管が変形するほどの発熱反応が同じ「下部」の箇所で起こり続けることになり危険です．必ずガスバーナーで試験管の「上部」を加熱させるようにしましょう．また，やけどにも十分に注意するよう指導しましょう．

　次に，反応前と反応後の試験管の磁石での引きつけられ方を比較します．反応前（鉄と硫黄の混合物）の試験管の側面に磁石を近づけると，砂状の鉄粉が磁石に引きつけられ，磁石を上に移動すれば鉄粉も同時に引きつけられて上に移動していくのがわかります．しかし，こ

第 10 章　化学反応

れを見た生徒の中には，反応前は鉄粉が砂状であったために磁石に引きつけられたのであって，反応後の鉄粉は砂状ではなく固まったために，磁石に引きつけられなくなったのではないかと疑ってしまう生徒もいます．

　そこで，このような見方をされないよう，私が中学校教員だったときは，以下のような方法をとっていました．

　図 10-2-5 のように，割っていない割り箸の頭の部分に磁力の強すぎない磁石を（磁石の磁力が強いと硫化鉄になれなかった鉄が多く残っている場合，磁石に引きつけられてしまうことがあるので），両面テープで貼りつけます．試験管を横にして，磁力によって引きつけられて試験管が机上を回転しながら移動するかどうかを比較します．割り箸に磁石を取りつけたのは，加熱後の試験管はしばらく熱いのでやけど防止のためです．結果は，反応前の試験管は磁石に引きつけられて試験管が机上を回転しながら動きますが，反応後の試験管は引きつけられずに回転して動きません．

　さらに反応前と反応後の試験管にうすい塩酸を加えて，発生する気体を比べます．反応前の混合物では少し泡が出てきて気体が発生しているのがわかります．それが水素であることを後に説明します．同様

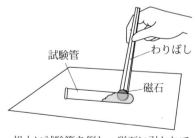

机上に試験管を倒し，磁石に引かれて回転するかを調べる

図 10-2-5　磁石への引き付けられ方

に，加熱後の試験管にうすい塩酸を加えると，腐卵臭の硫化水素が発生します．注意点としては，加熱後は試験管がまだ熱いこと，また多くの硫化鉄が試験管中にあるため，そこにうすい塩酸を加えてしまうと腐卵臭の硫化水素が勢いよく発生してしまうことです．このため気分を悪くする生徒が出て，救急搬送されたケースが過去に報道されたことがあります．これを防ぐには，反応後にできた硫化鉄を試験管から取り出し，ハンマーで小さく砕いた一片を別の試験管に入れ，そこにうすい塩酸を加えてその試験管を班ごとに渡します．そして，班員全員が硫化水素の臭いを嗅ぎ終わったら試験管を戻させ，すぐにうすい塩酸を取り除き，硫化水素の発生を最小限に抑えます．

以上のように，磁石の引きつけられ方や塩酸での反応の違いから，反応前の鉄と硫黄の混合物が，反応後には鉄と硫黄が結びついた硫化鉄という別の物質（化合物）になったことがわかります．

10.2.5 酸化銀の熱分解

舟形にしたアルミニウム箔に黒色の酸化銀を包み，それを試験管中に入れ，**図 10-2-6** のような実験装置で加熱すると，酸化銀は銀と酸素に分解されます（$2Ag_2O \rightarrow 4Ag + O_2$）．水上置換法で集められた

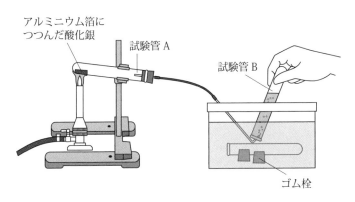

図 10-2-6　酸化銀の熱分解

第 10 章　化学反応

気体（酸素）に火のついた線香を入れると，線香が激しく燃えることから気体は酸素であることがわかります．黒色の酸化銀は，加熱後は白色に変化します．この白色の物質が銀なのかと疑ってしまいますが，それをろ紙に広げ，金属の薬さじのへらの部分でこすると銀色の金属光沢が出ます．この操作をしないと銀ができたことがわかりません．酸化銀は加熱すると高価な銀になるため，酸化銀の試薬は小さな瓶にして購入しやすい価格で販売されています．

10.2.6　炭素による酸化銅の還元

酸化銅を銅に還元させる実験を中学 2 年で行います（$2CuO + C \rightarrow 2Cu + CO_2$）．酸化銅と炭素を混ぜたものを試験管に入れ，試験管の口を少し下げて栓にチューブを取りつけ，それを石灰水が入った試験管にさしこみます．教員として駆け出しの頃の私は**図 10-2-7** のような装置をつくって教科書に書かれているように実験を行ったにもかかわらず，うまく酸化銅が還元できず，大いに悩んだものでした．この実験には，以下のコツがあったのです．

炭素粉は長期間薬品庫にあるため，どうしても湿気をともない反応がうまく進みません．炭素粉をシリカゲルなどの乾燥剤の入った容器

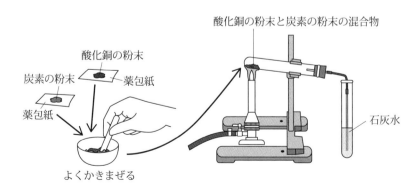

図 10-2-7　酸化銅の炭素による還元

に入れ，湿気をなくしておくことが重要だったのです．また当然ながら，2つの混合物を入れて加熱する試験管は乾いたものを使わなければなりません．前のクラスが用いた水のついた試験管を用いると，全く反応が進みません．他には酸化銅と炭素粉を乳鉢等でうまく混ぜ合わせること，そして試験管を加熱する際のガスバーナーの炎はいつもよりも強めにするなどのコツがあります．

10.3　質量保存の法則

　一般に，「質量保存の法則」を説明する際には，硫酸と水酸化バリウム水溶液を混ぜて沈殿物ができる化学反応の実験（$H_2SO_4 + Ba(OH)_2 \rightarrow BaSO_4 + 2H_2O$）が行われます．この反応では白色の硫酸バリウム（$BaSO_4$）が沈殿物としてビーカーの底に沈殿します（すぐには沈殿せずに白く濁ります）．このように沈殿現象ができる化学反応が用いられるのは，「沈殿物ができたということは，反応後は反応前の質量に比べて質量が増大したからだ」と考えてしまう生徒もいるからだと考えます．この実験から，たとえ沈殿物ができたとしても，反応の前後では質量は変わらないことがわかります．

　次に，石灰石（炭酸カルシウム）に塩酸を加える実験を行います（$CaCO_3 + 2HCl \rightarrow CaCl_2 + H_2O + CO_2$）．

　ここでは，たとえば，**図 10-3-1** のように，上皿天秤の左皿に透明なプラスチックのコップに入れた塩酸（ビーカーでは重すぎて上皿天秤には適さない）とその脇に石灰石を置き，それとつり合う分銅を右皿にのせます．次に塩酸の中に炭酸カルシウムを入れて反応させると，だんだんと天秤が上に傾き軽くなっていくのがわかります．この実験では，なぜ軽くなっていったのかを生徒に尋ねて考えさせます．すると，生徒らは泡（気体）が出ているので，空気中に二酸化炭素の気体として逃げてしまったからではないかと予想します．

第 10 章　化学反応

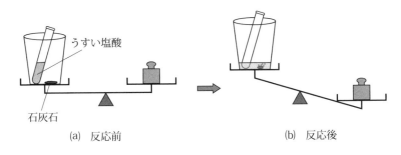

(a)　反応前　　　　　　　　　　(b)　反応後

図 10-3-1　気体発生の化学変化と質量

　それならばと，教師は**図 10-3-2** のような，炭酸用のペットボトル（500 mL）を班員分用意します．ここでは演示実験ではなく，生徒実験をさせるとよいでしょう．炭酸水素ナトリウム（重曹）1 g を量り，ペットボトルの中に入れます．次に塩酸を入れた試験管を試験管ごとペットボトルの中に挿入し，栓をしっかりと締めます．反応前の質量を電子天秤で量らせた後，ペットボトルを逆さまにして軽く振ると，塩酸と炭酸水素ナトリウムが反応して泡（二酸化炭素）が発生します（$NaHCO_3 + HCl \rightarrow NaCl + H_2O + CO_2$）．先ほどの実験とは違い，発生した気体がペットボトル内に留まります．反応後は反応前に比べて軽くなるかどうかを生徒に尋ねると，反応前と同じではないかと予想する生徒も多いことでしょう．実験後，電子天秤の値が反応前と反応後で同じ値であることがわかります．

図 10-3-2　発生する気体を逃がさないようにした実験

その後，ペットボトルの栓をゆるめると，「シュッ」とかなりの二酸化炭素を含んだ空気が空気中へ逃げていき，0.3 g ほど軽くなります．炭酸水素ナトリウムの量を 1 g にするのがコツです．それ以上入れるとペットボトルが内圧に耐えられなくなり，事故につながりかねません．うすい塩酸の濃度や量がいずれでも，炭酸用のペットボトル（500 mL）を使った実験では，炭酸水素ナトリウムの質量を 1 g にすれば，実験をほぼ安全に行うことができます．この実験では，発生した気体を逃さないようにするために，必ず炭酸用ペットボトルを使用してください．

10.4　化学反応式

10.4.1　化学反応式を書くことの難しさ

　中学校に入ると，粒同士（原子同士）の組み合わせが変わることで，違う物質に変わる化学変化を学習します．しかし，この化学変化を正しく化学反応式に書くことができない生徒が意外に多いものです．

　化学式でまず目につくのは水素分子の H_2 を H^2 と書いてしまう生徒がいることです．この修正は比較的に容易です．また，化学式で物質を表す要領を得らせるために，X 原子 1 個と Y 原子 2 個が結びついた化合物は X_1Y_2 と書けますが，1 は書かない約束なので，XY_2 と書くことを説明します．さらに化学式の前の数字はその分子の数を示しますので，XY_2 は化合物 XY_2 が 1 個であること，$3XY_2$ は化合物 XY_2 が 3 個であることを示していることを説明します．

　次に，いよいよ化学反応式へと導いていきます．
　先述しましたように，中学生はなかなか正しく化学反応式を書くことができません．その阻害している要因は何なのかを突き止めるために調

査を行いました．調査の結果，以下の要因が明らかになりました[1]．
(ア) 分子や原子をモデル図や化学式で正確に書き表すことができないこと．
(イ) 左右のモデル図の個数や化学反応式の左右の係数を合わせることができないこと．
(ウ) 化学反応式の数や係数を合わせようとし，物質として存在しえない別のモデルや化学式につくり変えてしまうこと．

したがって，基礎としての物質を化学式で表す能力や物質をモデル図で表す能力の習得は，物質を構成する分子内の原子の結合をイメージさせるためにも重要といえます．しかし，生徒はすぐに複雑な化学反応式が書けるわけではありません．まずはモデル図を用いた化学反応式が描けるようになる必要があります．この指導により，化学反応に関与する分子内の結合が切れ，他の原子と結合して新しい化合物が形成される過程が視覚的に捉えられます[2]．

<引用文献>
1) 石井俊行・橋本美彦（1995）：化学反応式を書く能力向上に関する研究〜化学反応式の完成を阻害する要因の究明〜，日本理科教育学会研究紀要，36(1)，7-16.
2) 前掲書 1)

10.4.2 理解を深める化学反応式の指導法

以下に，私の考える指導のプロセスについて記します[1]．
① 化学反応に関与する物質名を，「水素 + 酸素 → 水」というように，まずは言葉で書かせ，物質名と物質名との間に点線で仕切りを入れさせます（**図 10-4-1 (a)**）．
② それぞれの物質のモデル図を下に描かせます（**図 10-4-1 (b)**）．
③ 「化学変化の前後では，原子の種類と数が変わらないこと」を説

10.4 化学反応式

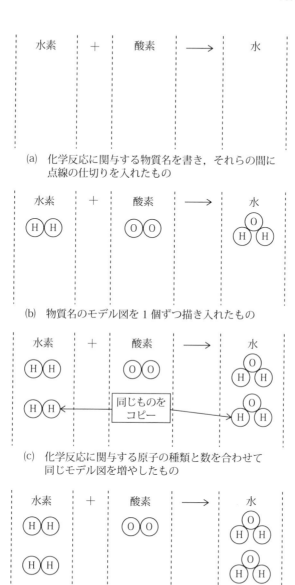

図 10-4-1　化学反応式完成までのプロセス[4)]

第 10 章 化学反応

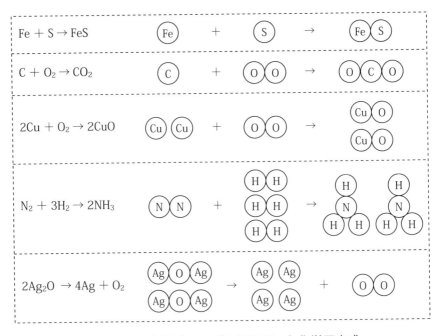

図 10-4-2　化学式・モデル図を用いた化学反応式

明し,「左右の原子の種類と数が等しくなる」ように, 1 個のモデル図と同型のモデル図を描き加えさせながら調節させます. すなわち, 絶対に最初に書き入れたモデル図と同型のモデル図しか増やすことができないことを強調して説明します. なぜなら, 同型のモデル図しか増やすことができないにもかかわらず, 実際にはあり得ない形にモデル図を変形させてしまう生徒が多いことが調査から明らかになっているからです[2] (**図 10-4-1**(c)).

④ 「モデル図とその数」を「化学式と係数」で書き表させ, その間に,「＋」と「→」を書き加えさせれば完成です (**図 10-4-1**(d)).

ここまで, 生徒が化学反応式の要領が得られたら, **図 10-4-2** の化学反応式にトライさせていきましょう. これらの化学反応式は, 中学

校で学習するものの中から，簡単なものから複雑なものへと順に私の経験で並べたものです．これらが書けるようになれば，より複雑な化学反応式にも対応できるようになります．

図 10-4-2 では，化学反応式の横にモデル図を用いた化学反応式も併記しておきました．まずはモデル図を用いた化学反応式を完成させることです．これができると化学反応式を正しく完成させられるようになります．これをリアルに示す1つの方法として，発泡スチロール球などを用いて，粒同士の組み合わせを考えさせる指導法もあります[3]．

＜引用文献＞

1) 石井俊行（2010）：理科Q＆A　化学反応式を定期テストに出題したところ正答率が低くて悩んでいます．どうすればよいでしょうか．理科の教育，11，59，700．
2) 前掲書 1)
3) 平尾二三夫・板倉聖宣（1992）：『発泡スチロール球で分子模型をつくろう』，仮設社，12-73．

10.5　分解と化合

10.4 節では，化学反応式を学ばせる過程について説明しました．

以下の水の生成と水の分解の化学反応式は，全く意味は違うのですが，見た目は左右を逆にしただけと捉えることもできます．

突然ですが，下記の(ア)と(イ)では，どちらの化学反応式の方が中学生は難しいと感じると思われますか．

(ア)　$2H_2 + O_2 \rightarrow 2H_2O$

(イ)　$2H_2O \rightarrow 2H_2 + O_2$

次に，読者の皆さんは，中学生は「分解」と「化合」の化学反応のうち，どちらを先に学習させた方が理解しやすいと思われますか．

第10章　化学反応

　中学校理科学習指導要領は10年ごとに改訂され，昭和52年版や平成元年版では，「化合」は「分解」よりも先に学習することになっていました．しかし，平成10年版，平成20年版，平成29年告示の現在の中学校理科学習指導要領では，「化合」よりも「分解」を先に学習することになっています．

　私の教師の経験から，昭和52年版や平成元年版のように「分解」よりも「化合」を先に学習させた方が，生徒は理解しやすいのではないかと考え，調査を行いました．そのために，「分解」から「化合」へと学習を進めたクラスとその逆の順序で学習を進めたクラス間で，生徒の意識を比較しました．調査の結果，「分解」と「化合」のどちらから先に学習したとしても，7割以上の生徒が「化合」から「分解」の順に教わった方がわかりやすいと回答し，その理由の多くは，「何かと何かが結びついて新しい何かができる考え方がわかりやすいから」というものであることが明らかになりました．不思議だったのは，「分解」から「化合」の順に学習した生徒の6割以上が，逆の「化合」から「分解」の順に教わったと思いこんでいることでした．一通り「化学変化」の学習を終了すると，生徒は自分自身で「Aの物質とBの物質とが反応してCという化合物ができる」という「化合」の構造に再構成して理解していると推察できます[1]．

　このことを踏まえると，教師は生徒がわかりやすい「化合」から先に学習させ，次に「分解」の学習を行っていくべきだと考えます．しかし，現在の主要教科書会社5社すべてで，単元「化学反応と原子・分子」では，生徒が初めて耳にする炭酸水素ナトリウム（重曹）を熱分解することからスタートし，「分解」から「化合」の順に学習が進められています．

　この研究の知見を含め，以下に私が考える指導法について簡単に説明します．

10.5 分解と化合

　まずは，身近な水の電気分解から実験を始めるとよいと考えます．水の電気分解を行い，水素と酸素に分かれる「分解」という化学変化を教えます．陰極にためられた気体にマッチの炎を近づけると，「ボッ」と音をたてて燃えることから陰極には水素が発生したことがわかります．このとき試験管がくもったのは，水素が燃えた際に空気中の酸素と結びついて（化合して），水ができたことを説明します．また，陽極では，火のついた線香を試験管の中に入れると，線香が炎をあげて燃えることから，酸素が発生したことがわかります．このことから，水を電気分解すると，水素と酸素に分かれるという「分解」という化学変化が起こり，ここで発生した水素を空気中で燃やすと，水素は空気中の酸素と結びついて（化合して），再び水になるという「化合」という化学変化が起きることを学習させます．すなわち，化学変化には，この「分解」と「化合」の2つがあることを，いわゆる「先行オーガナイザー」（先に概略を学習者に提示して，後に行う学習内容の理解を促進させる学習指導法）として押さえるのです．その後は，「何かと何かがくっついて何かができる」といった「化合」の実験（銅の酸化，マグネシウムの酸化，硫黄と鉄の化合）を先に学習させ，その後に「分解」の実験（炭酸水素ナトリウムの熱分解，酸化銀の熱分解，塩化銅水溶液の電気分解）を学習させた方が，中学生は理解しやすい教え方になると私は考えます[2]．

　皆さんが普段接している生徒さんに，ぜひ「化合」と「分解」のうち，どちらを先に学習させた方がわかりやすいかを尋ねてみてください．きっと「分解」よりも「化合」の方がわかりやすいと回答する生徒が多いと思います．

<引用文献>
1) 石井俊行・橋本美彦（2011）：分解と化合における子どものわかりやすさからみた学習の順序性とその指導法に関する提言，理科教育学研究，日本理科教育学会，51(3)，25-32．
2) 前掲書 1)

第 10 章　化学反応

10.6　中和反応とイオン

　イオンは，中学生は一筋縄では理解することはできません．

　リトマス紙や BTB 溶液の色の変化などのアルカリ性と酸性の共通な性質については理解できるのですが，電離式になると陽イオンと陰イオン，及び化学式が混在するため，中学生は混乱しがちです．

　たとえば，以下の(1)〜(4)の電離式があります．

(1)　$HCl \rightarrow H^+ + Cl^-$

(2)　$H_2SO_4 \rightarrow 2H^+ + SO_4^{2-}$

(3)　$NaOH \rightarrow Na^+ + OH^-$

(4)　$Ba(OH)_2 \rightarrow Ba^{2+} + 2OH^-$

　(1)式や(2)式のように，H^+を共通に放出するものを酸，(3)式や(4)式のようにOH^-を共通に放出するものをアルカリと学習します．ここで重要なのは，電子を放出して安定しやすい原子を陽イオン，電子をもらって安定しやすい原子を陰イオンと言いますが，一度に電子を 2 個放出しやすい原子があるということも押さえます．

　このことは，周期表を見せながら，生徒に以下のような貴ガス（以前は希ガス）と価電子の話をすることで，「なぜ陽イオンになったり陰イオンになったりする原子があるのか」が理解しやすくなります．

　He（ヘリウム），Ne（ネオン），Ar（アルゴン）のような貴ガスの原子は，価電子が 0 個で安定な電子配置なので，貴ガス以外の原子は電子を放出したり，受け取ったりして貴ガスと同じ電子配置をとろうとします．例えば，ナトリウム原子（Na）は最外殻の価電子 1 個を放出してナトリウムイオン（Na^+）となることで貴ガスの Ne（ネオン）と同じ電子配置になって安定し，塩素原子（Cl）は，電子殻に 17 個の

10.6 中和反応とイオン

電子があり，最外殻に 1 個の電子を受け取って塩化物イオン（Cl^-）となることで貴ガスの Ar（アルゴン）と同じ電子配置になって安定します[1]．この説明がとても有効になります．

中学校教員になって初めてイオンを中学生に教えたとき，「Na^+ は電子を 1 個放出して陽イオンになり，Cl^- は電子を 1 個受け取るので陰イオンになります」と詳しい説明なしに授業を進めたことがありました．頭の回転のよい生徒ほど，周期表を用いて貴ガスや価電子についてもふれながら説明しないと，「なぜ陽イオンになったり陰イオンになったりする原子があるのか」に納得をしてくれませんでした（昔の中学校理科教科書には周期表が掲載されていなかった）．周期表を用いてうまく説明していきましょう．

また，$Ba(OH)_2$ のように（　）がついているのは，1 個の Ba^{2+} と 2 個の OH^- が結びついて，電気的に中性な $Ba(OH)_2$ になっていることについても説明していきましょう．

特に，(1)式と(3)式の中和や(2)式と(4)式の中和反応では，必ず(5)式や(6)式のように H^+ と OH^- からの水（H_2O）とアルカリの陽イオンと酸の陰イオンが結びついた塩（えん）ができます．これを「しお」と読んでしまう生徒もいるので，注意して指導していきましょう．

(5)　　$HCl + NaOH \rightarrow NaCl + H_2O$

(6)　　$H_2SO_4 + Ba(OH)_2 \rightarrow BaSO_4 + 2H_2O$

特に，(5)式と(6)式の反応におけるそれぞれのイオンの数の増減のグラフはよくテスト等で問われますが，理解は芳しくありません．
(5)式と(6)式の反応の違いは，(5)式は NaCl が Na^+ と Cl^- と電離して水溶液中に存在し続けますが，Ba^{2+} と SO_4^{2-} は結びついて $BaSO_4$

第10章 化学反応

となって白色の沈殿物ができます．電離の有無でイオンの数にも違いが出てきます．このことを念頭に，それぞれのイオンの増減を考えていくとよいと思います．

ここでは，(5)式の水酸化ナトリウム水溶液に塩酸を少しずつ加えていく中和反応における，それぞれのイオンの増減の教え方について説明します．(6)式の中和反応につきましては紙面の都合上割愛します．(5)式と同様な教え方ができますので，自分自身で試してみてください．

以下に，**図 10-6-1** を使った授業展開について説明します．

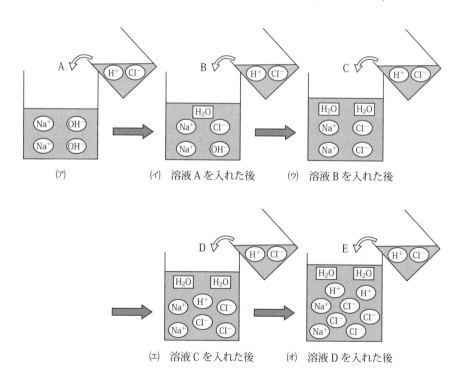

図 10-6-1　中和反応におけるイオン数の変化のモデル

(5)式の中和反応では，はじめに水溶液中に NaOH が 2 個あったと仮定します．それが水に溶けて電離し，Na^+ が 2 個，OH^- が 2 個になります（**図 10-6-1 (ア)**）．このとき，HCl が 0 個（最初の状態）のときは，Na^+ が 2 個，OH^- が 2 個，H^+ が 0 個，Cl^- が 0 個となります．

次に HCl を 1 個入れると，Na^+ は変わらず 2 個，H^+ は OH^- と H_2O を 1 個つくるために 1 個減り，Na^+ が 2 個，OH^- が 1 個，H^+ が 0 個，Cl^- が 1 個となります（**図 10-6-1 (イ)**）．

さらに HCl を 1 個入れると（HCl が 2 個のとき），Na^+ は変わらず 2 個，H^+ は OH^- と H_2O を 1 個つくるために 1 個減り，Na^+ が 2 個，OH^- が 0 個，H^+ が 0 個，Cl^- が 2 個となります（中性の状態；（**図 10-6-1 (ウ)**）．

さらに HCl を 1 個入れると（HCl が 3 個のとき），Na^+ は変わらず 2 個，H^+ は OH^- がないので H_2O がつくれませんので減ることはなく，Na^+ が 2 個，OH^- が 0 個，H^+ が 1 個，Cl^- が 3 個となります（**図 10-6-1 (エ)**）．

さらに HCl を 1 個入れると（HCl が 4 個のとき），Na^+ は変わらず 2 個，H^+ は OH^- がないことから H_2O をつくれないので，減ることはなく，Na^+ が 2 個，OH^- が 0 個，H^+ が 2 個，Cl^- が 4 個となります（**図 10-6-1 (オ)**）．

以上のように，HCl が 0 個（最初の状態）から，HCl を 1 個，2 個，3 個，4 個と加えていきながら，それぞれのイオンの数がどのように変化していくのかを記入した表を **表 10-6-1** に示します．その表をもとにグラフ化したものが **図 10-6-2** です．そして，そのグラフの形をみることで，それぞれのイオンの数がどのように変化していくのかが理解できます．

第 10 章　化学反応

表 10-6-1　イオンの数の変化

塩酸 (H^+個とCl^-個) を加える回数	0 (ビーカー A)	1 (ビーカー B)	2 (ビーカー C)	3 (ビーカー D)	4 (ビーカー E)
Na^+の数	2	2	2	2	2
OH^-の数	2	1	0	0	0
H^+の数	0	0	0	1	2
Cl^-の数	0	1	2	3	4

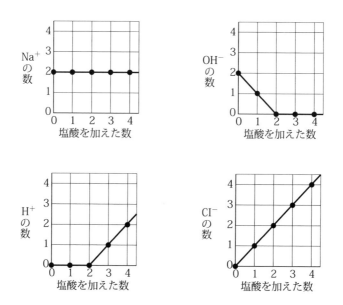

図 10-6-2　中和反応におけるイオン数のグラフ

　私が中学校教員であったときは，Na^+，OH^-，H^+，Cl^-それぞれのイオンを画用紙でつくって，その裏に磁石をつけてアナログでH^+とOH^-とで水H_2Oができたことを説明していました．そして，HClを0個〜4個と加えていくことで，それぞれのイオンの数を数えな

がら表を作成し，そのグラフを完成させていきました．現在は ICT を使用していろいろな試みができると思います．

　ここでは，水酸化ナトリウム水溶液に塩酸を少しずつ加えていく反応について説明してきましたが，逆に塩酸に水酸化ナトリウム水溶液を少しずつ加えていく反応についても考えることができます．それぞれのイオンが，どのように変化していくのかを考えてみてください．

＜引用文献＞
1) 竹内敬人・ほか 19 名（2017）：改訂新編化学基礎，東京書籍，57.

第11章　月・星座・内惑星の動き

11.1　月の満ち欠け
11.1.1　「月の満ち欠け」の学習内容

　小学4年「月と星」では，地上にある建物などを目印にして月を観察すると，月は東の空から昇って，南の空を通り，西の空に沈むこと，そして，日によって月の形が三日月，半月，満月と形が変わっていくことを学びます．小学6年「月と太陽」では，月に見立てたボールに光を当てるモデル実験を通して，月の輝いている側には太陽があり，月の形が日によって変わるのは，太陽と月の位置関係が変わるためであることを学習します．また，中学3年「月」では，太陽，月，地球のモデルを用いて，月が約1か月の周期で地球のまわりを公転しているために，同時刻に見える月の位置が西から東へと毎日満ち欠けしながら移動していくことを学びます．しかし，「月の満ち欠け」の現象を児童・生徒に理解させることは難しく，教員志望の大学生でさえ1割程度しか科学的には理解できていません[1]．このことを踏まえると，児童・生徒に「月の満ち欠け」の理解を深めさせるためには教師はどのような授業を行っていけばよいのでしょうか．

＜引用文献＞
1) 伊東明彦・千田恵・田原博人（2007）：大学生の天文分野に関する知識の変化―1976年と2006年の調査結果の比較―，宇都宮大学教育学部教育実践a総合センター紀要，30，473-482．

11.1.2　「月の満ち欠け」のつまずきの要因

　まず児童・生徒は，なぜ身近にある「月の満ち欠け」を理解できないのかの要因を突き止めるために調査を行いました．調査の結果，

「月の公転周期とその公転方向を指摘できる能力」,「太陽の位置から観察時刻を推定できる能力」,及び「地球の自転に合わせて南向きに立つ観察者を含む地平線（左手が東,中央が南,右手が西）を回転させられる能力」の3点が重要であることが明らかになりました[1].したがって,これら3点を地球の北極の上空から太陽,地球,月を俯瞰(かん)して,「月の満ち欠け」の現象を捉えられるようにすれば,児童・生徒は「月の満ち欠け」を理解することができると言えます.

<引用文献>
1) 石井俊行・坂本春貴・荒川友希（2022）:「月の満ち欠け」におけるつまずきの要因分析と指導法の検討〜中学生の理解を促進させるために〜,科学教育研究,日本科学教育学会,46(4), 438-447.

11.1.3 理解を深める「月の満ち欠け」の指導法

以下に,私の提案する「月の満ち欠け」の理解を深めるための指導の過程について説明します.

(1) **月の形の名称を把握させる**

図 **11-1-1** のような月の写真を見せながら,満月,三日月,上弦の月,下弦の月の名称をしっかりと理解させます.

図 11-1-1　月の形の名称

(2) **月の公転周期とその公転の方向を把握させる**

図 **11-1-2** のような地球の北極の上空から太陽,地球,月を俯瞰した平面図を用いて,月は地球のまわりを反時計回りに約30日か

第 11 章　月・星座・内惑星の動き

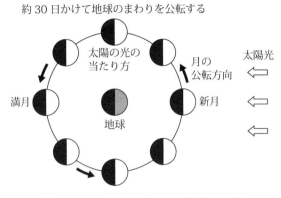

図 11-1-2　地球のまわりを公転する月

けて公転して，1 週間後には反時計回りに公転軌道を 1/4 周した位置に移動することを理解させます．

(3)　地球の自転に合わせて南向きに立つ観察者を含む地平線（左手が東，中央が南，右手が西）の方角を把握させるとともに，太陽の位置から観察者の現在の時刻を推定させる．

　図 11-1-3(a)は，地球上の観察者の位置に地平線を示す接線を描き，南の方角を向いた観察者から見ると，左手が東，右手が西になります．太陽が西にあれば，太陽が沈みかけていますので，日没頃（午後 6 時頃）を示していることになります．このように考えていくと，それから 6 時間後には，地球上にいる観察者は 90°さらに回転して図 11-1-3(b)の位置にきますので，真夜中頃（午前 0 時頃）になります．さらに 6 時間後には，地球は 90°回転して図 11-1-3(c)の位置に観察者がきますので，東の空から太陽が出てくる日の出頃（午前 6 時頃）になります．さらに 6 時間後には，地球上にいる観察者はさらに 90°回転して図 11-1-3(d)の位置にきますので，太陽が南の空にくる正午頃になります．

11.1 月の満ち欠け

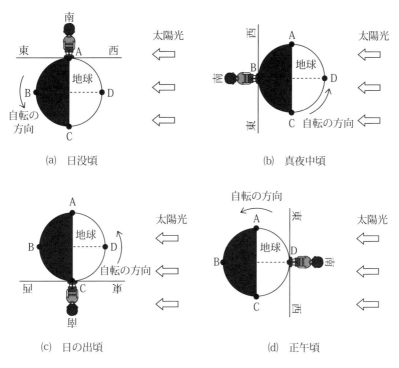

図 11-1-3 観測者の位置と時刻

(4) **電灯の光を太陽，発泡スチロール球を月とみなし，自身の目で太陽，月，自分（観察者）とのなす角度の違いから，月が照らされる部分が変化していくことを理解させる．**

　電灯の光を太陽，発泡スチロール球を月とみなし，自分がいる地球から月がどのような形で見えるのかを実験で確かめさせます．つまり，**図 11-1-4** のように電灯の光（太陽）の位置を固定し，発泡スチロール球（月）を移動させながら，太陽，月，自分のなす角度（太陽の光に照らされている部分の違い）により，地球から月がどのような形に見えるのかを**図 11-1-5** を用いて理解させます．**図 11-1-4** は，月が三日月に見えることを示しています．なお，**図 11-1-4** のように月に見立てた発泡スチロール球に黄色の蛍光塗料を塗ってお

201

第 11 章　月・星座・内惑星の動き

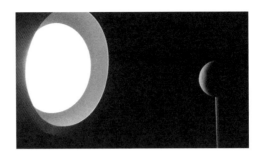

図 11-1-4　電灯で照らされた発泡スチロール球

くと，光が当たっている部分が輝いて見えるようになります．また，それを鉛筆削りで削った割り箸に刺しておくと，発泡スチロールの月がもちやすくなって観察しやすくなります．

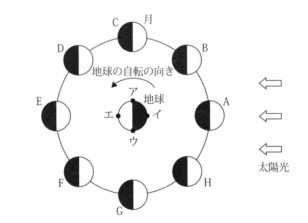

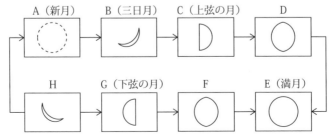

図 11-1-5　月の位置と月の見え方

(5) 日没後の夕方，どの方角に月が観察できるかで月の形を推定させる．

図 11-1-6 を見せ，太陽が西の空に沈んだら月がどの方角にあると，どのような形で観察できるのかを基本に考えさせるとよいと考えます．西側に太陽がありますので，東の方角に月があれば月の全面が太陽の光に照らされて満月になります．これに近い状況を詠んだ俳句に，与謝蕪村の「菜の花や月は東に日は西に」があります．江戸時代の菜の花が咲く春の夕暮れ時，地球を挟んで満月である月と太陽がほぼ一直線に並んだ状況を詠んだものと推察します．

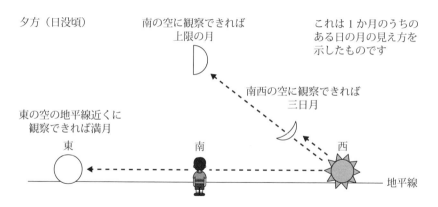

図 11-1-6　日没後に見える月の形と方角

また，南の方角に月があれば，月の西側半分が太陽の光で照らされますので，上弦の月となります．さらに，南西の方角に月があれば，月の西側のわずかな部分が太陽の光で照らされますので，三日月となります．ここでの注意点として，小学4年でも月の形については学習しますが，月の形は1日のうちでは，(ほとんど)同じ形のまま移動するということです．

第 11 章　月・星座・内惑星の動き

(6) **上弦の月，下弦の月，満月が観察できる天球上での移動範囲とその時間帯を推定させる．**

　地球の自転に合わせて，南向きに立つ観察者を含む地平線（左手が東，中央が南，右手が西）を回転させ，月が観察できる天球上の範囲とその時間帯を，太陽と月の位置関係や太陽光の関係から推察させます．

　つまり，**図 11-1-7** の満月は，日没頃（午後 6 時頃）に東の空に観察でき，6 時間後の真夜中頃には南の空に観察でき，さらに

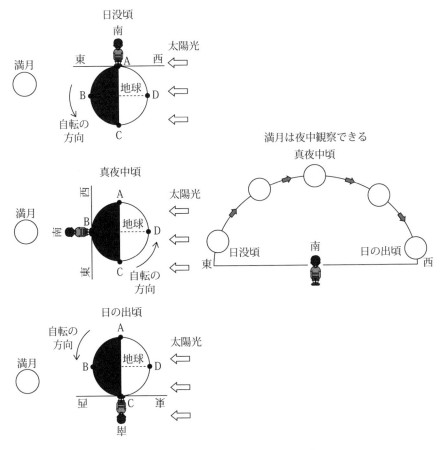

図 11-1-7　満月の観察できる時間帯

11.1 月の満ち欠け

6時間後の日の出前頃（午前6時頃），西の空に沈むまで観察できます．このため満月は夜中の12時間程度観察することができます．

また，**図 11-1-8** の上弦の月は，日没頃（午後6時頃）に南の空に観察でき，6時間後の真夜中頃，西の空に沈むまでの6時間程度観察することができます．

さらに，**図 11-1-9** の下弦の月は，真夜中頃に東の空に観察でき，6時間後の日の出前頃（午前6時頃）には南の空に観察でき，6時間程度観察することができます．しかし，その後は太陽の光に邪魔され，観察は難しくなります．

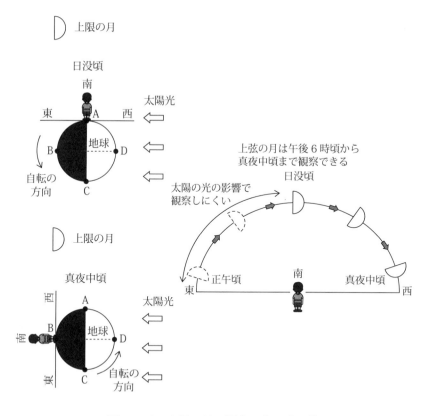

図 11-1-8　上限の月の観察できる時間帯

第11章 月・星座・内惑星の動き

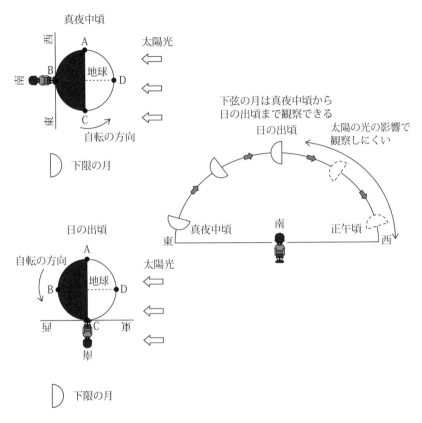

図 11-1-9　下弦の月の観察できる時間帯

　ここで，**図 11-1-7**，**図 11-1-8**，**図 11-1-9** の図は，月が地平線よりも下にあるので，「実際には観測者は月が見えないのではないか」といった疑問をもつ児童・生徒がいるかもしれません．実際には月や星（太陽）は非常に遠くに存在し，地球上の観測者の位置の違いで月や星（太陽）の見える方向は大きく変わるものではありません．したがって，限られたスペース内で表現するには，このように月を地球の地平線よりも下に描かざるをえないことも，併せて説明しておくとよいでしょう．

11.1 月の満ち欠け

(7) 月も，太陽や星と同様に1日のうちで，東→南→西へと移動し，同時刻に観察できる月は1日経つごとに西→南→東へと移動しながら満ちていくことを把握させる．

　月は太陽や星と同様に，1時間当たり15°ずつ，東→南→西へと移動していきます．ただし，**図 11-1-10** に示しますように，ある日の夕方6時に西の空にあった三日月は，1日経つごとに満ちていきながら徐々に西→南→東へと移動していき，やがて満月になります．同時刻に観察できる月の位置が西→南→東へと移っていくのは，月が地球のまわりを公転運動しているためです．

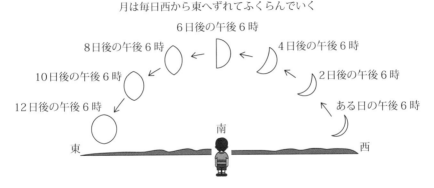

図 11-1-10　同時刻に見える月の位置と形

　小学4年における同日の夜の月の観察では，月の形は同じ形のまま東→南→西へ移動していくと学習しますが，厳密には月は地球のまわりを公転運動しているため，ほんのわずかですが満ち欠けをしています．このことは(5)で説明しましたように，月は1日経つごとに徐々に西→南→東へと移動しながらふくらんでいくことにもつながります．しかし，このことは児童・生徒にほとんど触れる必要はありません．

第 11 章　月・星座・内惑星の動き

11.2　星の日周，年周運動，内惑星
11.2.1　星の日周，年周運動，内惑星の学習内容

　第 4 学年「星と月」では，星座を構成する星の並び方は変わらないものの，時刻の経過とともにその位置を変えることを学習します．

　中学 3 年「地球と宇宙」では，透明半球を用いて天球上の星座の見かけの動きは，地球の自転によること，また同じ時刻に見える星座の位置が変わるのは，地球の公転による見かけの動きであることを学習します．さらに，金星は地球の内側の軌道を公転しているため，見かけの形と大きさが変化することも学習します．

　一般には，小学理科では現象の変化に着目して捉えさせる「定性的な扱い」をし，中学理科ではその量に着目して捉えさせる「定量的な扱い」をします．このため，中学理科になると，「定量的な扱い」が増えて内容が難しくなるために，児童・生徒は理科を敬遠する傾向にあります．天体学習も例外ではありません．

　天体学習の内容を難しくしている要因は，以下の 2 点が挙げられると思います．
(ア)　地球が自転と公転の両運動をしているため，太陽や星座の日周運動と年周運動の両方を同時に考えなくてはならず，特に内惑星の金星などは，加えて地球・太陽・金星のなす角度までも考えなくてはならないこと．
(イ)　授業は昼間に行われるため，実際の天体の観察は太陽の日周運動や黒点の観察くらいしか行えず，ICT を用いた説明で終わりがちであること．

11.2.2 星の日周，年周運動，内惑星の動きを理解させるための教具の開発

「星の日周，年周運動，内惑星の動き」を生徒に理解させるために，生徒が自宅にもち帰って復習することのできる教具は作成できないものかと考え，「天体説明装置」を開発しました．

以下に，「天体説明装置」（**図 11-2-1**）の作成方法について説明します．

図 11-2-1　天体説明装置

読者の皆さんが，この「天体説明装置」を授業で使用できるよう，図面を以下の QR コードでダウンロードできるようになっています．

【作成手順】
① ダウンロードした図面をプリンターで印刷します．
② 「地球とその公転軌道(a)」を黄色の画用紙に生徒分印刷し，その中の1つを円形にハサミで切り取ります．そして，地球の部分をハトメパンチの穴を開ける箇所で穴を開けます．
③ 「地球上に立つ観察者と地平線(b)」を白色の印刷紙に印刷し，その中の1つをハサミで切り取ります．観察者の頭の部分を山折りし，水平線と観測者の足下の部分を谷折りし，地球の中心部分をハトメパンチの穴を開ける箇所で穴を開けます．

④ 「地球とその公転軌道(a)」のハトメパンチで穴を開けた部分と「地球上に立つ観察者と地平線(b)」のハトメパンチで穴を開けた部分とに，ハトメの玉を挿入してハトメパンチで押しつぶし，これらが自由に回転できるように固定します．なお，強く押しつぶし過ぎると，回転がしづらくなりますので，注意が必要です．
⑤ 「金星とその公転軌道(c)」を青色画用紙に生徒分印刷し，その中の1つを円形にハサミで切り取ります．
⑥ 「星座の書かれた台紙(d)」を白のケント紙に生徒分印刷して，その1枚を使用します．
⑦ 「地球とその公転軌道(a)」「金星とその公転軌道(c)」「星座の書かれた台紙(d)」の中心部分に穴あけポンチで穴を開け，三者を割りピンでとめます．
以上で，「天体説明装置」は完成です．

以下の(ア)～(ケ)のことを，「天体説明装置」[1]を使って書画カメラでTVに映し出しながら生徒に説明すると，児童・生徒は地球の自転や公転による太陽や星の動き，及び内惑星(金星)の動きに関するイメージがつかめるようになります[2]．

(ア) 太陽は天球上を1時間に15度，東から西へ移動する．
(イ) それぞれの季節の真夜中に南の空に見られる星座は以下の通りである．
　　春…しし座，夏…さそり座，秋…みずがめ座，冬…おうし座
(ウ) 春の真夜中に，西の地平線の近くに見える星座はおうし座である．
(エ) 日の出前，西の地平線近くにさそり座が見える季節は夏である．
(オ) 夏の日没後，東の地平線近くに見えたさそり座は6時間後南の空に見える．（星の日周運動）
(カ) もし昼間の空に星座が見られるとしたら，春の太陽はみずがめ座の近くにある．
(キ) 冬から春にかけて，太陽は，さそり座，いて座，やぎ座，みずがめ座の中を順に動いているように見える．（太陽の年周運動）

11.2 星の日周，年周運動，内惑星

(ク) 夏の真夜中に東の空に見られる，みずがめ座は，3か月後の同じ時刻には南の空に見える（星の年周運動）．

(ケ) 内惑星の金星は，次の2つの状況の時観察できる．
　日の出前…東の空，日の入り後…西の空
　地球に近いとき…三日月状で大きい
　地球に遠いとき…満月状で小さい
　※備考：日周運動…1時間につき15°（1°は4分間に相当）
　　　　　　　　　（360°÷24時間＝15°/時間）
　　　　　年周運動は1日に約1°（1か月で約30°）
　　　　　　　　　（360°÷365日＝約1°/日）

＜引用文献＞

1) 特許庁のホームページ「電子図書館検索」で以下のものを検索すると詳しい．石井俊行：太陽・星の日周運動と年周運動，および内惑星の満ち欠けの説明装置，特開平09-244526．
2) 石井俊行（2009）：生徒たちに理科を学ぶ意味を見出させる授業の工夫―興味・関心を高めさせる教材開発を通して―，理科の教育，58，686，638-640．

第12章 だ液のはたらき

12.1 だ液のはたらきの学習内容

　小学6年「だ液のはたらき」では，デンプンは口の中でだ液と混ざり合い，デンプンではない別の物質に変わることを学習します．

　また，中学2年「消化と吸収」では，このヨウ素デンプン反応の有無に加え，ベネジクト反応の有無も調べます．デンプンのりにだ液を加えたものは，だ液のはたらきで糖に変えられるために黄色あるいは赤褐色に変化します．しかし，デンプンのりに水を加えたものは色の変化は見られません．このことから，デンプンはだ液のはたらきで糖に変わったことがわかります．

12.2 だ液のはたらきの実験の難しさ

　中学理科教科書には，**図 12-2-1** のような試験管（「デンプン＋だ液」と「デンプン＋水」）を対照実験用のために2本ずつに分け，それぞれの試験管でヨウ素液反応とベネジクト反応の有無を調べます．

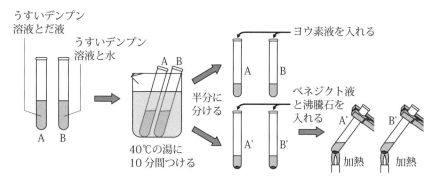

図 12-2-1　教科書でのだ液によるデンプンの消化実験

中学校教員のかけだしの頃の私は，この実験を教科書に書かれているように行ったにもかかわらず，期待する結果が得られず，この実験の難しさを実感したものでした．

　それは，常温にあるデンプンのり (20 ℃前後) をそのまま使用してしまったために，湯煎(ゆせん)しても試験管の熱容量 (ガラス部分を温めるための熱量) に熱が奪われてしまい，だ液の入ったデンプンのりを体温に近い 40 ℃程度にキープすることができず，だ液がうまく機能しなかったからです．デンプンのりは 40〜50 ℃程度に温めてから生徒に配布しなくてならないのです．また，試験管も温めておくとよいでしょう．たったこれだけのことですが，知っているのと知らないのとでは，全く反応が違ってくるのが理科という教科の恐ろしいところです．

　この他のもう 1 つの大きな問題は，児童・生徒はだ液を採取することを嫌がり，グループ内の誰のだ液を使用するかでもめてしまうことです．しかも他人のだ液は汚いという理由から，だ液提供者がこの実験を始めから終わりまで 1 人でしがちになることです．この問題の解決にはグループ実験ではなく，個人実験にすればうまく解決できるのではないかと当時は考えたものでした．

12.3　開発しただ液のはたらきの実験法

　だ液の実験を図 12-2-1 のように教科書にのっている方法に近い方法で，かつ時間をかけずに教師が期待する効果を最大限に引き出せる方法はないものかと研究し，開発しました．この方法では，134 名中 127 名 (94.8 %) が，教師が期待する結果をうまく引き出すことができました[1]．

　あれから 15 年以上が経ち，新型コロナウイルスのことも鑑み，共用するフィルムケース (プラスチックケース) の使用から，100 円

第 12 章　だ液のはたらき

均一ショップで購入可能な，使え捨てのできるジッパー付ビニール袋を使う実験に変更しました．

その方法について，以下に説明します．なお，前半の部分のヨウ素デンプン反応は小学校でも同様の方法で展開することが可能です．

① 90 ℃以上の水約 1 L にデンプンを薬さじで大盛り 2 杯ほど入れて攪拌し，溶けきれずに下に残ったデンプンを取り除いたものを，2 L 用の三角フラスコ等に入れて常温で保管します（**図 12-3-1**）．

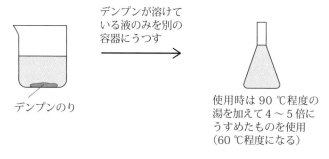

図 12-3-1　デンプン溶液のつくり方

② 本実験をはじめるときは，①のデンプンのりをビーカーに移し替え，そこに 90 ℃程度のお湯をつぎ足して 4〜5 倍ほどに薄まった約 60 ℃程度のデンプンのりを使用します（**図 12-3-1**）．

③ ②のデンプンのりをビーカーで班ごとに配布します．児童・生徒 1 人につき 2 個のジッパー付ビニール袋を配布し，それぞれの袋に 15 mL 程度デンプンのりを入れます．

④ 綿棒を 1 人につき 2 本用意し，2 本とも 2 つ折りにし，一方は綿棒の両端の綿部分を口にくわえさせてだ液を含ませます．もう片方は綿棒の両端の綿部分に水をしみこませます．そして，それぞれの綿棒を 2 つ折りにしたまま③のビニール袋にそれぞれ入れてジッパーの口を閉めます．そして，ビニール袋の外側から綿棒の綿の部分を指で軽くもんで，だ液と水がデンプンのりに浸透するよう

12.3 開発しただ液のはたらきの実験法

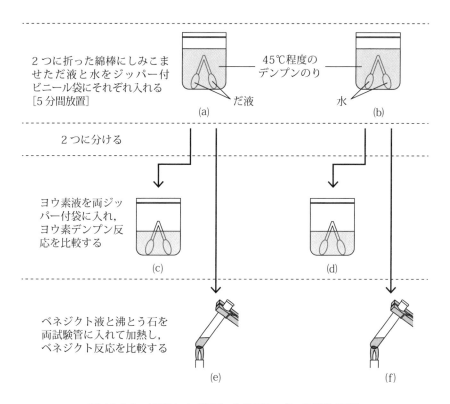

図 12-3-2　開発しただ液によるデンプンの消化実験

にし，5分ほど待ちます（**図 12-3-2**(a)(b)）．ここで湯せんをする必要はありません．それは 45 ℃程度から実験を開始できますので，5分経っても 30 ℃以上にはキープすることができるからです．

⑤　①〜④を終えた後，〔デンプン＋だ液〕と〔デンプン＋水〕のそれぞれのビニール袋から，試験管に試験管の 1/5〜1/4 の量の液を移し変えます．ビニール袋に残った液それぞれにヨウ素液を加えて，色の変化を観察します（**図 12-3-2**(c)(d)）．〔デンプン＋だ液〕では反応せずに，〔デンプン＋水〕では青紫色になることが確かめられます．

　ここまでが小学校でのだ液の実験となります．

第12章　だ液のはたらき

　　これ以降は，中学校でのだ液の実験となります．
⑥　次に，2本の試験管に移し替えた液それぞれにベネジクト液を加え，沸騰石を入れてガスバーナーでそれぞれを加熱して，色の変化を観察します（**図 12-3-2**(e)(f))．ここで加熱しなければならない理由としましては，ベネジクト反応の有無を色の変化で確かめるための化学反応を促進させるには，どうしても加熱が必要だからです．ベネジクト反応の結果は，〔デンプン＋だ液〕では黄色，あるいは赤褐色に変色し，〔デンプン＋水〕では変化しません．

　以上の実験結果から，だ液のはたらきによりデンプンは別の物質である糖に変わったことがわかります．

＜引用文献＞

1) 石井俊行（2007）：中学校理科における"唾液がデンプンを麦芽糖に変える"実験に関する研究〜フィルムケースを使用しての個別化を通して〜，理科の教育，日本理科教育学会, 56, 662, 58-61.

第13章 理科授業で押さえておくべき指導法

13.1 数学との教科横断的な指導法

13.1.1 理科と四則計算

　理科は簡単な四則計算を行って，数値を求めさせることの多い教科です．

　ご存知のように電気の学習での抵抗 R〔Ω〕は，

　　抵抗 R〔Ω〕＝ 電圧 V〔V〕÷ 電流 I〔A〕 …(1)

で求められます．

　ただし，電流値が〔mA〕の単位で記載されている場合には，一旦〔mA〕から〔A〕に単位を直してから計算しなければなりません．

　たとえば，電圧を6 Vかけたとき，電流が300 mA流れる抵抗であれば，まずは電流値300 mAを単位変換して0.3 Aと直してから，

　　$R = 6\text{ V} \div 0.3\text{ A} = 20\text{ Ω}$

と計算し，抵抗値を求めます．

　ここで突然ですが，皆さんは児童・生徒にとって以下の(ア)〜(エ)の計算のうち，どれが難しいと思われますか．

- (ア)　整数÷整数 ($12 \div 3 =$)
- (イ)　小数÷整数 ($1.2 \div 3 =$)
- (ウ)　小数÷小数 ($1.2 \div 0.3 =$)
- (エ)　整数÷小数 ($12 \div 0.3 =$)

第13章　理科授業で押さえておくべき指導法

　答えは，(エ)の計算が一番難しいと児童・生徒は答えます．(ア)が一番やさしく，(イ)も割る数が整数なので割られる数に小数があっても何とか計算できます．(ウ)も難しいようですが，割る数と割られる数の両方を10倍すれば比較的簡単に答えを出すことができます．しかし，(エ)の計算は割る数に小数点があるために厄介に感じてしまうようです．

　このように，抵抗値〔Ω〕を求める計算では，常にこの(エ)の計算を生徒にさせています．また，その前の段階の電流値の単位変換「300 mA = 0.3 A」のところを間違って，「300 mA = 0.03 A」等としてしまい，計算を間違えてしまう生徒もいます．抵抗値の計算の指導では，この点も注意しておく必要があります．

　また，児童・生徒は「水溶液の濃度計算」や「物質の密度」「圧力」「速度」など，割合の計算に苦手意識をもっています．それは小学5年算数で学習する「単位量当たりの大きさ」の考え方を，全児童の半数程度しか理解できていないからです．このことについては，1.2.2項で詳しく説明しました．これらの計算を正確に行うには，「単位量当たりの大きさ」の知識・技能をしっかりと押さえておかなければならないのです．

13.1.2　数学との教科横断的な指導事例

(1) **地震波における PS 時間と震源までの距離**

　理科問題（地震波におけるP波とS波のグラフ問題；**図 13-1-1**）に準じて数学問題（$y = ax$ と $y = bx$ の2つの比例のグラフに関する問題；**図 13-1-2**）を作成し，両問題を解かせることで，生徒は数学問題にも理科問題で学習したことを活かすことができるのかを調査しました．調査の結果，数学問題につまずいた生徒に対し，理科の授業で履修した「地震の初期微動継続時間(PS 時間)は，震源からの距離に比例すること」を想起させることで，数学問題が正答で

13.1 数学との教科横断的な指導法

きる生徒が増えることが明らかになりました[1].

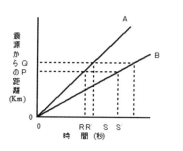

　下図のグラフは、ある地震の小さなゆれと大きなゆれのはじまりが、震源からの距離とどのような関係にあるかを示したものである。震源からP地点までの距離は140kmであり、Aの小さなゆれの伝わる速さは7km／秒である。地震のゆれはそれぞれの地点に同じ速さで伝わるものとして次の問いに答えなさい。

問1）上図で、P地点にBの大きなゆれが到着したのは地震が発生してから35秒後である。Bの大きなゆれが伝わる速さを求めよ。
問2）上図で、地震が発生してからP地点に小さなゆれAが伝わるまでに何秒かかるか。
問3）上図で、P地点における初期微動継続時間は何秒か。
問4）上図で、初期微動継続時間が45秒の地点Qは、震源から何km離れているか。

図 13-1-1　地震の理科テスト[2]

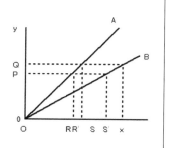

　下図のグラフで、Pの座標は（0,140）、直線OAの傾きは7である。次の各問いに答えよ。

問1）Sの座標が（35,0）のとき、直線OBの傾きを求めよ。
問2）ORの長さを求めよ。
問3）RSの長さを求めよ。
問4）R′S′が45のとき、Qの座標を求めよ。

図 13-1-2　数学テスト[3]

　初期微動継続時間（PS時間）と震源からの距離の関係をグラフに描くと，**図 13-1-3** のように初期微動継続時間（PS時間）は，震源までの距離に比例することがわかっています．このため，以下の式が成り立ちます（大森房吉が見つけた大森公式）．

第 13 章　理科授業で押さえておくべき指導法

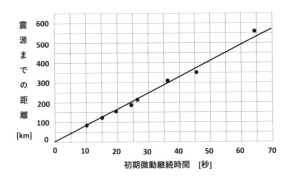

図 13-1-3　初期微動時間と震源までの距離

（震源までの距離）= k ×（初期微動継続時間），
　※ k … 約 6〜8 km/秒

　この大森公式を想起できた生徒は，方程式に数値等を代入して求める数学の解法ではなく，「初期微動継続時間（PS 時間）は震源からの距離に比例すること」から答えを簡単に導き出していました．
　大森公式が成立することは，数学からも簡単に証明することができます．それは**図 13-1-4** にあるように，△OCD と△OEF は相似の

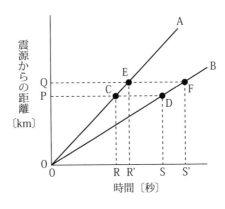

図 13-1-4　三角形の相似を使った解法[4]

関係にあることから，三角形の高さ(震源までの距離)は，底辺の長さ(初期微動継続時間)に比例するので，比(RS：R´S´ = OP：OQ)からOQ(= R´S´ × OP/RS)を求めることができます．つまり，大森公式からでも，△OCDと△OEFの相似の関係からでも，解決方法は共通しているのです．したがって，我々教師は，このような汎用性のある能力を生徒に身につけさせるためにも，理科と数学との教科横断的な指導が必要だと考えます．

<引用文献>

1) 石井俊行・箕輪明寛・橋本美彦（1996）：数学と理科との関連を図った指導に関する研究〜文脈依存性を克服した指導への提言〜，科学教育研究，日本科学教育学会，20(4)，213-220.
2) 前掲書1)
3) 前掲書1)
4) 前掲書1)

(2) 光の反射の作図と数学での最短距離の作図

中学1学年理科における「火のついたろうそくから出た光が鏡で反射して目に届くには，どのような経路をたどって目に届くのかを作図させる問題；**図13-1-5**」と中学1年数学における「A地点から

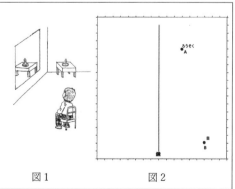

図13-1-5 光の反射の理科テスト[1)]

川の水を採取してB地点まで向かう際に，どの地点で水を採取してB地点まで進むと最短距離となるのかを求める問題；**図 13-1-6**」は，一見違う問題のように見えるのですが，共通の構造にあることがわかります．

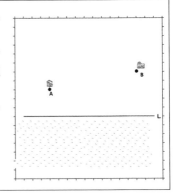

　A地点の家を出発し，川Lの水を途中でくんでからB地点の研究所に向かうことになった。
　川の水は川辺のどの地点でくんでもよいものとする。どの地点で水をくめば，歩く距離がいちばん短くてすむか。作図をして答えなさい。
　ただし，考え方がわかるように，補助線等はそのまま残しておくこと。

図 13-1-6　最短距離の数学テスト[2]

　両問題を生徒に解かせ，理科で学習したことを数学に活かすことができるか，あるいはその逆の数学で学習したことを理科に活かすことができるかについて調査を行いました．調査の結果，「学習の転移」を促す条件には，「気づき」と「関連付け」の両方が必要で，生徒に教科間に共通な構造があることに気づかせる指導を教師は行っていく必要があることが明らかになりました[3]．このような指導を行うことにより，生徒は両教科の内容を深く理解し，発見や発明を促せるものと考えます．

＜引用文献＞

1) 石井俊行・橋本美彦（2013）：教科間における学習の転移を促す条件に関する考察とその提言～理科「光の反射」と数学「最短距離」の作図を通して～，科学教育研究，日本科学教育学会，37(4)，283-294．
2) 前掲書1)
3) 前掲書1)

13.2 単位に着目した問題を解決させるための指導法
13.2.1 単位指導の方法

単位に着目させるための単位指導を児童・生徒に行うと，単位が意味することに関して理解できるようになります．

私は中学校教員のとき，単位に関する知識を生徒に習得させるためには，いきなり単位の国際標準である SI 単位系から入るのではなく，SI 単位系ではない身近な例から入る方がわかりやすいと考え，そのような指導法をとっていました．

以下に，その方法についてご紹介します．

ミカンを 1 日につき (1 日当たり) 2 個食べることは，2〔個/日〕と書けます．本来は 2〔個/1 日〕と書くべきところを，数字の「1」を省略して，2〔個/日〕と書きます．特に，「/日」は「1 日につき (当たり)」という意味であることを説明します．

では，このまま 10 日間ミカンを食べ続けたら，合計で何個のミカンを食べることになるのでしょうか．

その計算方法は，ミカンを 10 日間食べ続けたので，食べた個数は，

$$2〔個/日〕\times 10〔日〕= 20〔個〕$$

となり，分母にある〔日〕と分子にある〔日〕が文字式のように互いに打ち消し合って，最終的には〔個〕のみが残り，個数がしっかりと求められていることを説明します．

このことが理解できたら，小学 6 年の「速さ」の学習で次のような説明をしていきましょう．

具体的な事例として，1 秒間当たり 30 m 進む自動車の速さは，30 m/秒と書き表すことができます．先ほどと同様に 30 m/秒は 30 m/1 秒と本来は書くべきところを，数字の「1」は省略され，

1秒間当たり30 m進むことを示していることを説明します.

そして, 100秒間走り続けると, 自動車が進む距離は,

$$30 \text{ m/秒} \times 100 \text{ 秒} = 3000 \text{ m} = 3 \text{ km}$$

と計算することができます.

すなわち, 距離 S〔m〕＝速さ V〔m/秒〕×時間 T〔秒〕は, 単位の次元に着目させることで, 〔m/秒〕×〔秒〕＝〔m〕というように分母と分子にある〔秒〕が互いに打ち消し合い, 距離の単位の〔m〕のみが最終的に残り, 距離〔m〕が求められることがわかります.

ここでの指導は, 単位も文字式だと思って数値とともに計算することで単位同士も打ち消しあい, 得られた数値に単位もそのままつけておくと, 数値と単位が得られる[1]ことを, 児童・生徒に納得させることにあります.

＜引用文献＞

1) 潮秀樹 (2009):「単位」の本質〜単位がわかれば相対論がわかる〜, 技術評論社, 28.

13.2.2 単位指導の効果

単位の次元に着目させた指導を行った後, 求めるべき量の単位が問題文や解答用紙に記載されているテストを実施した場合と, 求めるべき量の単位が問題文や解答用紙に記載されていないテストを実施した場合では, 生徒の解答状況に違いは生じるのでしょうか. そのことを調査した結果, 単位が問題文や解答用紙に記載されているテストを受けたクラスの生徒の方が, 記載されていないテストを受けたクラスの生徒に比べてテストの正答率が高いことが明らかになりました. また, 単位がテストに記載されていると, 問題が解きやすいと感じる生徒が7割を超え, この単位指導の必要性を感じている生徒は9割もいました. さらに, 単位指導はイメージしにくい分野には特に有

効で，一度の単位指導ではその意味について理解のできない生徒も4割弱いることもわかりました[1]．このため，新しい単位が出てくるたびに，教師は単位に関する指導を粘り強く行っていく必要があります．

<引用文献>

1) 石井俊行・林拓磨（2015）：単位の次元に着目させる理科学習指導法の効果とその問題点〜問題に対する正答率の向上を目指して〜，科学教育研究，日本科学教育学会，39(4)，335-346．

13.2.3　単位をそろえないことの危険性

13.2.2項では，単位指導について述べましたが，**図13-2-1**のような「ハジキ（速さの「ハ」，時間の「ジ」，距離の「キ」をつなげて呼んだもの）」で，「単位量当たりの大きさ」の公式を教えこもうとする方がおられます．この方法は危険であり，皆さんには注意していただきたいです．

たとえば，36 kmの距離を10 m/秒で進む電車は，何分後に目的地まで着きますかという問題では，**図13-2-1**から，

　　　時間 ＝ 距離 ÷ 速さ

を導き出し，

　　　36 km ÷ 10 m/秒 ＝ 3.6分

なので，3.6分と答えてしまいます．

また，4 km/時で走っている人は，30分間に何km進めることができるかという問題では，**図13-2-1**から，

　　　距離 ＝ 速さ × 時間

を導き出し，

$$4\,\text{km/時} \times 30\,\text{分間} = 120\,\text{km}$$

なので，120 km と答えてしまいます．

図 13-2-1 を鵜呑みにすることで，掛け算で求めるのか，あるいは割り算で求めるのかしか考えなくなってしまいます．つまり，単位を合わせて計算することを忘れてしまい，全く違う答えを導き出してしまう恐れがあるのです．

13.2.1 項の単位指導で説明しましたように，単位が互いに打ち消し合うことをしっかりとおさえることで，**図 13-2-1** を覚えなくても，正しく導き出すことができます．

図 13-2-1　距離，速さ，時間の関係を示す図

13.2.4　公式における量同士の関係

ある物理量 W が X と Y のそれぞれに比例する場合には，

$$W = C \cdot XY \quad (C\text{ は比例定数}) \cdots (1)$$

と表せ，(1)式を分数に強引に直すと，

$$W = C \cdot \frac{XY}{1} \quad (C\text{ は比例定数}) \cdots (2)$$

と表せます．

一方，W が X と Y のそれぞれに反比例する場合には，

$$W = C \cdot \frac{1}{XY} \qquad (C \text{ は比例定数}) \cdots (3)$$

と表せます．

このことがわかれば，W が X と Y のそれぞれに比例し，Z に反比例する場合には，

$$W = C \cdot \frac{XY}{Z} \qquad (C \text{ は比例定数}) \cdots (4)$$

と表せることを理解させます．

すなわち，ある物理量 W に対して，分子にある量は比例し，分母にある量は反比例するということをしっかりと児童・生徒に理解させることです．児童・生徒の中には(1)式は，分数ではないので，「分子の量はない」と考えてしまいがちです．そういった児童・生徒には(1)式は(2)式と書けることをしっかりと教えていきましょう．

そして，13.2.1 項でも説明しましたように，単位も文字式だと思って計算すると，単位同士が互いに打ち消し合い，最終的な単位が残ります．ある物理量 W を際立たせるために，新たな単位を生み出すことがあります．

たとえば，圧力の単位は，力の大きさ F〔N（ニュートン）〕を面積 S〔m²〕で割った P〔N/m²〕で表されますが，新たに〔Pa（パスカル）〕という単位がつくり出されて使われています．

　　　1 N/m² = 1 Pa

また，仕事率は，仕事量 W〔J（ジュール）〕を時間 T〔秒〕で割った P〔J/秒〕で表されますが，新たに〔W（ワット）〕という単位がつくり出されて使われています．

　　　1 J/秒 = 1 W

単位に着目させる指導をしっかりと行っていくと，新しい単位が出てきても児童・生徒は驚かなくなります．

13.3 応用問題を解決させるための指導法

電気回路の抵抗を求める問題では，オームの法則を使った1問1答式の簡単な計算はできるにもかかわらず，応用問題になると途端に解決できなくなってしまう生徒がいます．それはなぜなのでしょうか．その原因を探りたいと思い，調査を行いました．

調査には，難易度を設けた2段階の問題（A問題，B問題）を設定し，A問題は，ヒントを与えずに8個のステップを自分自身でクリアしながら，最終解答である抵抗を求める問題（**図 13-3-1**），B問題は，A問題に設問を8個設け，それをクリアするうちに徐々に最終解答の抵抗が求められる問題としました（A問題に点線内の設問①〜⑧をさらにヒントとして加えたもの）．また，1問1答式の電気分野に関する知識技能を問うC問題を65問用意し，その正答率も算出しました．調査の結果，A問題とC問題の関係とB問題とC問題の関係を，それぞれの生徒についてグラフにプロットしてみたところ，**図 13-3-2**，**図 13-3-3**のようなグラフが得られました．

図 13-3-2 から，A問題で最終解答に到達できた生徒は，C問題の正答率（知識・技能の習得率）が95％以上と非常に高いことがわかります．また，**図 13-3-3**からB問題での到達度はC問題の正答率（知識・技能の習得率）が50％超え出すと急激に上昇しますが，一方でC問題の正答率（知識・技能の習得率）が高い生徒でさえも，途中でつまずいてしまって到達度が上昇できていない生徒が多いことがわかります．このことから，A問題，B問題のような応用問題では，C問題の正答率（知識・技能の習得率）が高くないと途中でつまずく可能性が高く，知識・技能の習得が非常に重要であることがわかりま

13.3 応用問題を解決させるための指導法

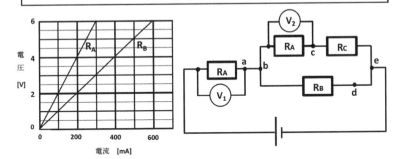

図 13-3-1　A 問題と B 問題（A 問題に点線内の①〜⑧を加えたもの）[1]

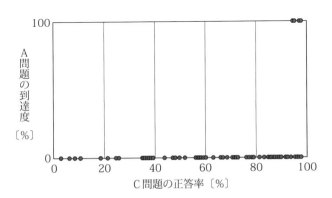

図 13-3-2　C 問題の正答率と A 問題の到達度[2]

第13章 理科授業で押さえておくべき指導法

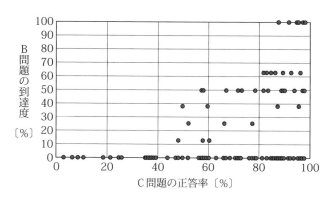

図 13-3-3　C問題の正答率とB問題の到達度[3]

す．逆に，知識・技能を習得していても，それらをうまく適用できないと，A問題，B問題のような応用問題にはつまずいてしまうこともわかります．これらの生徒は手続きに関する知識・技能がまだ熟達化されていない生徒と言えます．したがって，物理問題などのようにステップの多い応用問題を解決するには，知識・技能をしっかりと習得するとともに，どのような手順で解いていけばよいのかといった道筋を生徒自身で見出す手続きに関する知識・技能も十分に身につける必要があります[4]．

この手続きに関する知識・技能を習熟させるためには，演習問題等を何度も解かせるなど，多くの時間を要します．学校での理科の授業時間内では，この対応はなかなか難しく，課題を生徒に与えて家庭等で習熟させていく方法しかないように考えます．

＜引用文献＞

1) 石井俊行・庭瀬敬右・廣瀬正美（1988）：中学校理科第一分野での学習到達度に関する研究，日本理科教育学会研究紀要，29(2), 37-44.
2) 前掲書1)
3) 前掲書1)
4) 前掲書1)

13.4 類推問題でターゲット問題を解決させる指導法

　中学校教員の駆け出しの頃の私は，先輩教師に，「児童・生徒にわかる授業を行うには，多くの引き出し（児童・生徒に対していろいろな事例を提示できる）をもっておくべきだ」とよく言われました．

　皆さんが受けもたれている児童・生徒の中には，理科に苦手意識をもっておられる方がいるのではないでしょうか．そのことを解決する1つの方法に，似たような事象（類推問題）を児童・生徒に先行して取り組ませることで，後続のターゲット問題（向上して欲しいと願う問題）がうまく解決できるようになるというものがあります．

　ここで類推問題を先に取り組ませることは，ターゲット問題を解決させるのに有効なのかを確かめるために調査を行いました．

　ターゲット問題には，化学分野の中の「炭酸カルシウムに塩酸

下図のように，炭酸カルシウム4gに同じ濃度の塩酸を5cm³ずつ加え，発生した二酸化炭素の体積を調べる実験を行いました．加えた塩酸の体積と発生した二酸化炭素の体積の関係は，下のグラフになりました．このグラフをもとに以下の問いに答えなさい．（※どのように求めたか分かるように，計算に用いた式も書きなさい．）

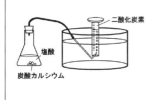
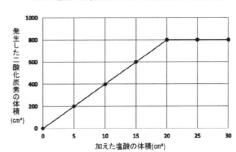

下の①②の問いに答えなさい．
炭酸カルシウム10gに同じ濃度の塩酸40cm³を加えて二酸化炭素を反応が終わるまで発生させます．
① 何cm³の二酸化炭素が発生しますか．
② ①のとき，反応せずに残るのは塩酸か炭酸カルシウムのどちらですか．また，その量を答えなさい．

図 13-4-1　気体テスト[1]

を加えて，二酸化炭素を発生させる問題」(以降，気体問題と呼ぶ；図 13-4-1) を選びました．この反応は，塩酸の量を横軸に，発生する二酸化炭素の量を縦軸にとってグラフを描くと，二酸化炭素の量は最初のうちは塩酸の量に比例して増えていくのですが，二酸化炭素の発生は途中から止まるために発生量は一定となるグラフになります．この問題の難しいところは，二酸化炭素の発生が止まったのは，塩酸と炭酸カルシウムのうちの，どちらが先になくなったのかを見極めなければならないことにあります．

この気体問題(ターゲット問題)にうまく解決させるには，これと似た事象(類推問題)を先行して生徒に示せるかどうかにかかっています．そこで，類推問題には，「ココアの粉と牛乳の量を用いて規定通りの同じ濃さのココアミルクを作成する」という気体問題に準じた問題(以降，ココア問題と呼ぶ；図 13-4-2) を作成しました．そして，

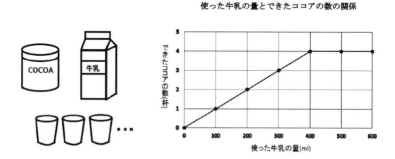

図 13-4-2 ココア問題[2)]

気体問題とココア問題の両テストを，同一生徒に実施しました[3]．

　分析の結果，解かせる順序を入れ替えただけにもかかわらず，ココア問題を先行して後続に気体問題を解いたクラスは，その逆に行ったクラスに比べて，気体問題に正答する生徒が多いことが明らかになりました．このことは，ココア問題を先行して解くことで，後続の気体問題の解決に関する情報（考え方の枠組み；心理学でのフレーム）が与えられたと考えられます．つまり，教師が児童・生徒に対して効果があると考える事例（類推問題）を意図的に与えさえすれば，さらに効果が期待できることを示唆しています[4]．

　したがって，教師は適切な引き出しを多くもっていることが重要と言えます．児童・生徒に適切な場面でよい事例（類推問題）を提示することで，児童・生徒は問題の内容を受け入れやすくなり，問題が解決しやすくなります．この点を考慮しながら，日々の指導を行っていきたいものです．

<引用文献>

1) 石井俊行・大歳愛海（2019）：類推による問題解決能力を活かした 理科学習指導法の検討〜グラフ・データ解釈を向上させるために〜，科学教育研究，日本科学教育学会，43(3), 244-252.
2) 前掲書1)
3) 前掲書1)
4) 前掲書1)

13.5　4Qsによる仮説設定を容易にさせる指導法

　実験計画を立てるには，まずは「…すれば…は，…になる」といった「仮説」を設定する必要があります．多くの児童・生徒は，この「仮説」を設定することに苦手意識をもっています．それは，どのように考えればよいのか，見当がつかないからです．児童・生徒が「仮説」をうまく設定できる簡単な指導法はないのでしょうか．

第13章　理科授業で押さえておくべき指導法

　私の大学院時代からの友人で，元上越教育大学教授（上越教育大学名誉教授）である小林辰至先生は，児童・生徒が容易に「仮説」が設定できる指導法（4Qs；フォークスと命名）を開発しました．4Qsは変化させる要因（独立変数）を見つけ出し，それによって何がどのように変化するのか（従属変数）を明確にして両者を関連づけることで「仮説」を設定する方法です．独立変数，従属変数という用語にあまり聞き慣れない方もおられるかもしれませんが，関数 $y = F(x)$ における x が独立変数，y が従属変数で，独立変数 x の変化にともない従属変数 y が変化するというものです．

　以下に，その指導法について説明します．
　4Qsは，**図13-5-1** のように，STEP1からSTEP4の4段階から構成されています．STEP1は「変化する事象（従属変数）を考えさせる

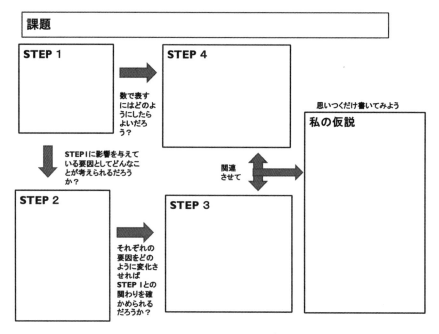

図13-5-1　4Qsの表[1)]

13.5　4Qsによる仮説設定を容易にさせる指導法

段階」，STEP2は，「従属変数に影響を及ぼす要因(独立変数)を考えさせる段階」，STEP3は，「STEP2で挙げた独立変数をどのように変化させるかを考えさせる段階」，STEP4は「STEP1で挙げた従属変数の数量化を考えさせる段階」です．そして最後にSTEP3とSTEP4とを関連づけることで，「…すれば…は，…になる」という「仮説」が設定できます[1]．4Qsはすべての単元で「仮説」が設定できるものではなく，特に条件制御のできる単元で威力を発揮します．また，STEP1〜STEP4の順ではなく，STEP4，STEP3から先に埋めても構いません．埋められるところから埋めていけばよいのです[2]．

「インゲン豆の成長」を題材に，図13-5-1に実際に用語を入れて作成したものを図13-5-2に示します．

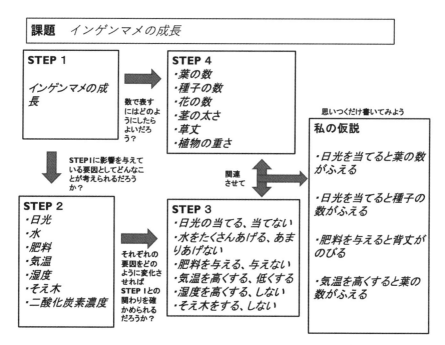

図13-5-2　4Qsの表(インゲン豆の成長のとき)[3]

第 13 章　理科授業で押さえておくべき指導法

　STEP1 の「従属変数を考える」を「インゲン豆の成長」にすると，STEP2 の「従属変数（インゲン豆の成長）に影響を及ぼす要因（独立変数）」は「日光」「水」「肥料」「気温」「湿度」「そえ木」「二酸化炭素濃度」が挙げられます．

　次に，STEP3 の「STEP2 で挙げた独立変数をどのように変化させるかを考えさせる」では，「光」であれば「光の有無」，「水」であれば「水の有無」，「肥料」であれば「肥料の有無」，「気温」であれば，「気温の高低」，「湿度」であれば「湿度の高低」，「そえ木」であれば，「そえ木の有無」，「二酸化炭素濃度」であれば，「二酸化炭素濃度の高低」が挙げられます．

　さらに，STEP4 の「STEP1 で挙げた従属変数（インゲン豆の成長）を数量として表す」では，「インゲン豆の成長」を外観から判断できるものとして，「葉の数」「種子の数」「花の数」「茎の太さ」「草丈」等が挙げられます．

　最後に，これら STEP3 と STEP4 を関連づければ，「…すれば…は，…になる」の「仮説」が設定できます．

　実際に STEP3 と STEP4 を関連づけてみると，「仮説」は，

「日光をよく当てれば，葉の数は増える」
「　　　〃　　　　，種子の数は増える」
「　　　〃　　　　，花の数は増える」
「　　　〃　　　　，茎の太さは太くなる」
「　　　〃　　　　，草丈は高くなる」
「水をよくあげれば　，葉の数は増える」
「　　　〃　　　　，種子の数は増える」
「　　　〃　　　　，花の数は増える」
「　　　〃　　　　，茎の太さは太くなる」
「　　　〃　　　　，草丈は高くなる」

というように，STEP3 の数が n 個，STEP4 の数が r 個あれば，「仮説」の数は，$(n \times r)$ 通りできることになります．

　以上のように，4Qs を使用することで，児童・生徒の「仮説」を設定することの苦手意識は随分と少なくなると思います．今回挙げた「インゲン豆の成長」の他に，「電磁石の強さ」「振り子の周期」「ものの溶け方」など，条件制御のできる単元で使用できます．あなた自身で**図 13-5-1** にあらかじめ記入して，どの単元で使用可能かを考えてみてください．

<引用文献>

1) 山口真人・田中保樹・小林辰至（2015）：科学的な問題解決において児童・生徒に仮説を設定させる指導の方略―The Four Question Strategy（4QS）における推論の過程に関する一考察―，理科教育研究，日本理科教育学会，55(4)，437-443．
2) 前掲書 1)
3) 前掲書 1)

索 引

数字・欧字

4Qs	233
BB弾	147
LED	128

あ行

赤い噴水	171
アンモニア	171
イオン	192
椅子取りゲーム	154
インゲン豆の成長	236
液晶温度計	128
塩化アルミニウム（$AlCl_3$）	174
塩化コバルト紙	176
円形コイル	138
オームの法則	112
大森房吉	219
オシロスコープ	92
音	92

か行

回転速度	97
化学式	185
化学反応式	185
学習の転移	222
下弦の月	205
化合	189
価電子	192
雷	94
火力発電	126
乾電池	96
貴ガス	192
気体の収集方法	166
教科横断的	160
共通性	164
虚像	85
均一性	148
屈折	78
屈折角	81
クリップモーター	143
蛍光塗料	201
ゲーム性	117
原子力発電	127
検流計	97
コイン	82
公転周期	199
公転方向	199
コンデンサー	128

さ行

最外殻	193
作図	86
酸化銀	181
酸化鉄	177
酸化銅	182
酸素	167
磁界	132
磁気	135
磁極	134
地震波	218

質量保存	147
質量保存の法則	183
車輪	78
周期表	193
従属変数	234
重力場	83
循環型水流モデル	111
上弦の月	205
焦点距離	90
初期微動継続時間	218
助燃性	172
磁力	129
磁力線	129, 132
振動数	92
振幅	93
水素	168
水流モデル	97
スチールウール（鉄）	177
ステップ	228
石灰水のつくり方	173
石灰石	170
先行オーガナイザー	191
線対称	86
相似	220

■た行

ターゲット問題	231
対照実験	212
対頂角	86
だ液	212
単位指導	223
炭酸水素ナトリウム	175
炭酸ナトリウム	175
中和反応	192

抵抗器	113
手回し発電機	126
電圧概念	97
電子オルゴール	128
電子殻	193
電磁石	139
電子配置	192
天体説明装置	209
導線	96
導体	96
独立変数	234
溶け残り	151
凸レンズ	89

■な行

日周運動	208
入射角	79
年周運動	208

■は行

ハーフミラー	88
媒質	84
パイプ	101
ハジキ	225
花火	94
半円ガラス	79
反射の法則	84
ハンマー	136
非循環型水流モデル	110
フェノールフタレイン溶液	171
ふくらし粉	176
不導体	96
プラスチック製の容器	169
フレーム	233

分解 …………………… 189	類推問題 ……………… 231
ベーキングパウダー ……… 176	レミングの左手の法則 …… 142
ベクトル ………………… 132	ローレンツ力 …………… 141
ベネジクト液 …………… 216	
方位磁針 ………………… 132	
飽和水蒸気量の曲線 ……… 162	
ホース …………………… 114	
ポリエスチレン棒 ………… 123	
ポンプ …………………… 100	

ま行

- 豆電球 …………………… 96
- 満月 ……………………… 204
- 三日月 …………………… 201
- 右手の法則 ……………… 137
- 水の高さ ………………… 100
- ミョウバン ……………… 153
- モデル図 ………………… 186
- モノコード ……………… 92

や行

- 誘導電流 ………………… 142
- 溶液 ……………………… 159
- 溶解度曲線 ……………… 162
- 溶質 ………………… 147, 159
- ヨウ素液 ………………… 215
- 溶媒 ………………… 147, 159

ら行

- リトマス紙 ……………… 156
- 硫化水素 ………………… 181
- 硫化鉄 …………………… 178

~~~~ 著 者 略 歴 ~~~~

石井　俊行（いしい　としゆき）

国立大学法人　奈良国立大学機構　奈良教育大学　理科教育講座　教授　博士（学校教育学）

栃木県宇都宮市生まれ
1983年　栃木県宇都宮市立中学校教諭
1988年　兵庫教育大学大学院学校教育研究科（内地留学）教育学修士
1998年　科学教育研究奨励賞（日本科学教育学会）
　　　　「数学と理科との関連を図った指導に関する研究―文脈依存性を克服した指導への提言―」
2002年　博士（学校教育学）兵庫教育大学大学院連合学校教育学研究科（論文博士）
2012年　国立大学法人　奈良教育大学　理科教育講座　准教授
2018年　国立大学法人　奈良教育大学　理科教育講座　教授
2022年　現職

【著書】
理科教員の実践的指導のための理科実験集（共著）　　　電気書院　2017年
学校教育におけるSDGsの理論と実践（共著）　　　　　協同出版　2021年
はじめての教育論文の書き方―研究の着想から論文発表まで―（単著）　電気書院　2021年

【学術論文】
「小学校理科に電圧概念を導入することの効果：電気学習の新たな試み」「小学4年『ものの温度と体積』に粒子モデルを導入することの効果：電子レンジで粒の動きと温度の関係に着目させて」「分解と化合における子どものわかりやすさからみた学習の順序性とその指導法に関する提言」「小学4年『ものの温まり方』に『ものの温度と体積』を関連付けた指導の効果：カリキュラム・マネジメントで熱対流を捉えさせる」「『月の満ち欠け』におけるつまずきの要因分析と指導法の検討：中学生の理解を促進させるために」他多数．

©Toshiyuki Ishii 2024

子どもの理解を深める理科授業

2024年11月 8日　第1版第1刷発行

著　者　石　井　俊　行
発行者　田　中　　聡

発　行　所
株式会社　電　気　書　院
ホームページ　www.denkishoin.co.jp
（振替口座　00190-5-18837）
〒101-0051　東京都千代田区神田神保町1-3 ミヤタビル2F
電話(03)5259-9160／FAX(03)5259-9162

印刷　中央精版印刷株式会社　DTP　Mayumi Yanagihara
Printed in Japan／ISBN978-4-485-30280-4

・落丁・乱丁の際は，送料弊社負担にてお取り替えいたします．

JCOPY　〈出版者著作権管理機構　委託出版物〉
本書の無断複写（電子化含む）は著作権法上での例外を除き禁じられています．複写される場合は，そのつど事前に，出版者著作権管理機構（電話：03-5244-5088, FAX：03-5244-5089, e-mail：info@jcopy.or.jp）の許諾を得てください．また本書を代行業者等の第三者に依頼してスキャンやデジタル化することは，たとえ個人や家庭内での利用であっても一切認められません．

書籍の正誤について

万一，内容に誤りと思われる箇所がございましたら，以下の方法でご確認いただきますようお願いいたします．

なお，正誤のお問合せ以外の書籍の内容に関する解説や受験指導などは**行っておりません．**このようなお問合せにつきましては，お答えいたしかねますので，予めご了承ください．

正誤表の確認方法

最新の正誤表は，弊社Webページに掲載しております．書籍検索で「正誤表あり」や「キーワード検索」などを用いて，書籍詳細ページをご覧ください．

正誤表があるものに関しましては，書影の下の方に正誤表をダウンロードできるリンクが表示されます．表示されないものに関しましては，正誤表がございません．

弊社Webページアドレス
https://www.denkishoin.co.jp/

正誤のお問合せ方法

正誤表がない場合，あるいは当該箇所が掲載されていない場合は，書名，版刷，発行年月日，お客様のお名前，ご連絡先を明記の上，具体的な記載場所とお問合せの内容を添えて，下記のいずれかの方法でお問合せください．

回答まで，時間がかかる場合もございますので，予めご了承ください．

 郵送先　〒101-0051
東京都千代田区神田神保町1-3
ミヤタビル2F
㈱電気書院　編集部　正誤問合せ係

 ファクス番号　**03-5259-9162**

 弊社Webページ右上の「**お問い合わせ**」から
https://www.denkishoin.co.jp/

お電話でのお問合せは，承れません

(2022年5月現在)